AF613799

CENTENAIRE

DE LA

NAISSANCE DE VULPIAN

CENTENAIRE

de la naissance

DE

VULPIAN

(1826-1887)

Publié par la REVUE NEUROLOGIQUE

SOUS LES AUSPICES DU COMITÉ DU CENTENAIRE

JUIN 1927

MASSON ET CIE, ÉDITEURS
LIBRAIRES DE L'ACADÉMIE DE MÉDECINE
120, BOULEVARD SAINT-GERMAIN, PARIS

VULPIAN

D'après le tableau de Nélie Jacquemart (collection de M. le Dr de Vulpian).

MASSON ET Cie, ÉDITEURS.

CENTENAIRE
DE LA NAISSANCE DE VULPIAN

L'année 1926 a rappelé une date mémorable dans l'histoire de la médecine : le centième anniversaire de la naissance de Vulpian.

Les Biologistes et les Neurologistes, désireux de célébrer cette date, ont décidé de faire coïncider les cérémonies commémoratives de ce Centenaire avec leurs réunions annuelles de 1927 : Réunion plénière de la Société de Biologie et de ses Filiales et VIIIe Réunion neurologique internationale, qui se sont tenues à Paris, du 27 mai au 2 juin 1927.

La célébration du Centenaire de Vulpian avait obtenu le patronage de

M. le Président de la République.

Présidents d'honneur.

MM.

Briand, Ministre des Affaires étrangères.
Albert Sarraut, Ministre de l'Intérieur.
Painlevé, Ministre de la Guerre.
Herriot, Ministre de l'Instruction publique et des Beaux-Arts.
A. Fallières, Ministre du Travail, de l'Hygiène et de la Prévoyance sociale.
Godin, Président du Conseil municipal de Paris.
Dherbécourt, Président du Conseil général.
Le Préfet de la Seine.
Le Préfet de Police.
Cavalier, Directeur de l'Enseignement supérieur au Ministère de l'Instruction publique et des Beaux-Arts.
Népoty, Directeur de l'Hygiène et de l'Assistance publique au Ministère du Travail et de l'Hygiène.
Charléty, Recteur de l'Université de Paris.

Comité d'honneur.

MM.

ACHARD, Professeur à la Faculté de Médecine, Secrétaire général de l'Académie de Médecine.

D'ARSONVAL, Professeur au Collège de France, Membre de l'Académie des Sciences et de l'Académie de Médecine.

AUDIBERT, Directeur du Service de Santé au Ministère des Colonies.

AUCOC, Syndic du Conseil municipal de Paris.

BABINSKI, Médecin honoraire des Hôpitaux, Membre de l'Académie de Médecine.

BALTHAZARD, Professeur à la Faculté de Médecine, Membre de l'Académie de Médecine.

BAR, Professeur honoraire à la Faculté de Médecine, Membre de l'Académie de Médecine.

BINET, Agrégé de la Faculté de Médecine de Paris.

BRUNON, Directeur honoraire de l'Ecole de Médecine de Rouen.

CALMELS, Conseiller municipal de Paris.

CALMETTE, Sous-Directeur de l'Institut Pasteur, Membre de l'Académie de Médecine.

CHARCOT (Jean), Ancien Interne des Hôpitaux.

CHARPENTIER (Albert), Trésorier de la Société de Neurologie.

COFFIN, Ancien Interne des Hôpitaux.

COURCOUX, Médecin des Hôpitaux.

CROUZON, Médecin de la Salpêtrière, Secrétaire général de la Société de Neurologie.

Mme DEJERINE, Membre de la Société de Biologie et de la Société de Neurologie.

DEVILLE, Président de la 4e Commission du Conseil municipal de Paris.

DOPTER, Directeur du Val-de-Grâce, Membre de l'Académie de Médecine.

FOURNIAL, Médecin Inspecteur Général, Directeur du Service de Santé du Gouvernement militaire de Paris.

MM.

GASTINEL, Directeur du Service de Santé au Ministère de la Marine.

GARNIER, Agrégé de la Faculté de Médecine de Paris.

GIRARD, Médecin Général, Inspecteur du Service de Santé de la Marine.

GLEY, Professeur au Collège de France, Président de l'Académie de Médecine.

GUILLAIN, Professeur à la Faculté de Médecine, Membre de l'Académie de Médecine.

HANRIOT, Trésorier de l'Académie de Médecine.

HAYEM, Professeur honoraire à la Faculté de Médecine, Membre de l'Académie de Médecine.

HENNEGUY, Professeur au Collège de France, Membre de l'Académie des Sciences et de l'Académie de Médecine, Président de la Société de Biologie.

HUDELO, Médecin des Hôpitaux.

JOLLY (J.), Secrétaire général de la Société de Biologie.

LACROIX, Secrétaire général de l'Académie des Sciences.

LEGRY, Agrégé, Médecin des Hôpitaux, Membre de l'Académie de Médecine.

LESAGE, Médecin des Hôpitaux.

LETULLE, Professeur honoraire à la Faculté de Médecine, Membre de l'Académie de Médecine.

MANGIN, Directeur du Muséum d'Histoire naturelle, Membre de l'Académie des Sciences.

MARIE (Pierre)), Professeur honoraire à la Faculté de Médecine, Membre de l'Académie de Médecine.

MARTIN, Sous-Directeur de l'Institut Pasteur, Membre de l'Académie de Médecine.

MASSON (Pierre), Editeur.

MOURIER, Directeur général de l'Assistance publique à Paris.

PETTIT, Membre de l'Académie de Médecine.

PICARD (Emile), Secrétaire perpétuel de l'Académie des Sciences.

MM.

Pouchet, Professeur honoraire à la Faculté de Médecine, Membre de l'Académie de Médecine.

Rathery, Professeur à la Faculté de Médecine, Médecin des Hôpitaux.

Rendu (Ambroise), Président de la 5e Commission du Conseil municipal de Paris.

Rébeillard, Président de la 3e Commission du Conseil général.

Richet (Charles), Professeur honoraire à la Faculté de Médecine, Membre de l'Académie des Sciences et de l'Académie de Médecine.

Richet fils, Agrégé, Médecin des Hôpitaux.

Rist, Médecin des Hôpitaux, Secrétaire général de la Société Médicale des Hôpitaux.

Roger, Doyen de la Faculté de Médecine, Membre de l'Académie de Médecine.

Roussy, Professeur à la Faculté de Médecine, Président de la Société de Neurologie.

Rouvillois, Médecin-Chef Val-de-Grâce.

Roux, Directeur de l'Institut Pasteur, Membre de l'Académie des Sciences et de l'Académie de Médecine.

Savornin, Directeur du Service de Santé au Ministère de la Guerre.

Semelaigne, Président du Comité d'organisation du Centenaire de Pinel.

Souques, Médecin honoraire des Hôpitaux, Secrétaire de l'Académie de Médecine.

Teissier, Professeur à la Faculté de Médecine, Membre de l'Académie de Médecine.

Tissot, Professeur au Muséum d'Histoire naturelle.

Vallery-Radot, Homme de Lettres.

Vallery-Radot (P.), Médecin des Hôpitaux.

Vincent, Professeur au Collège de France, Membre de l'Académie des Sciences et de l'Académie de Médecine.

Walther, Agrégé, Chirurgien honoraire des Hôpitaux, Membre de l'Académie de Médecine.

Widal, Professeur à la Faculté de Médecine, Membre de l'Académie des Sciences et de l'Académie de Médecine.

M. le Président de l'Association des anciens Internes et Internes des Hôpitaux de Paris.

M. le Président de l'Association des anciens Externes et Externes des Hôpitaux de Paris.

M. le Président de l'Association générale des Etudiants.

M. le Président de l'Association corporative des Etudiants en médecine.

Comité d'organisation.

Président : M. Henneguy, Professeur au Collège de France, Membre de l'Institut et de l'Académie de Médecine, Président de la Société de Biologie de Paris.

Vice-Présidents :

MM.

Babinski, Médecin honoraire des Hôpitaux, Membre de l'Académie de Médecine, Membre de la Société de Neurologie.

Mme Dejerine, Membre de la Société de Biologie et de la Société de Neurologie.

M. le Médecin Inspecteur général Fournial, Directeur du Service de Santé du Gouvernement militaire de Paris.

MM.

Gley, Professeur au Collège de France, Président de l'Académie de Médecine.

Letulle, Professeur honoraire de la Faculté, Membre de l'Académie de Médecine.

Mangin, Directeur du Muséum d'Histoire naturelle, Membre de l'Institut.

Mourier, Directeur général de l'Administration de l'Assistance publique à Paris.

MM.

Roger, Doyen de la Faculté de Médecine de Paris, Membre de l'Académie de Médecine.

Roux, Directeur de l'Institut Pasteur, Membre de l'Académie des Sciences et de l'Académie de Médecine.

Savornin, Directeur du Service de Santé au Ministère de la Guerre

Secrétaire général : M. Crouzon, Médecin de la Salpêtrière, Secrétaire général de la Société de Neurologie.

Trésorier : M. Albert Charpentier, Trésorier de la Société de Neurologie.

Les cérémonies commémoratives du Centenaire de la naissance de Vulpian ont coïncidé, non seulement avec les Réunions Biologique et Neurologique annuelles, mais encore avec la célébration du Centenaire de la mort de Pinel, organisé par la Société Médico-Psychologique.

Le programme commun était fixé ainsi qu'il suit :

Vendredi 27 et samedi 28 mai, matin et après-midi : Réunion plénière de la *Société de Biologie et de ses Filiales.*

Samedi 28 mai, 21 heures : au Grand Amphithéâtre de la Faculté de Médecine, commémoration du *Centenaire de la naissance de Vulpian*, sous la présidence de M. Albert Sarraut, Ministre de l'Intérieur.

Lundi 30 mai, 10 h. 30 : Visite des anciens services de *Pinel* et de *Vulpian* à l'Hospice de la Salpêtrière.

16 heures : Réunion annuelle de la *Société Médico-Psychologique.*

21 heures : au Grand Amphithéâtre de la Sorbonne, commémoration du *Centenaire de la mort de Pinel.*

Mardi 31 mai 9 heures, 12, rue de Seine : séance normale de la *Société de Neurologie* de Paris.

15 heures : Séance solennelle à l'*Académie de Médecine*, en l'honneur de *Pinel* et de *Vulpian*, sous la pésidence de M. Herriot, Ministre de l'Instruction publique.

20 heures : au *Palais d'Orsay, banquet* offert par les groupements biologique, neurologique et psychiatrique en l'honneur de *Pinel* et de *Vulpian.*

Mercredi 1er *juin*, 9 heures et 14 heures : à *la Salpêtrière* (Amphithéâtre de l'Ecole des Infirmières), *VIIIe Réunion Neurologique internationale.* Rapport de MM. Lhermitte et Tournay sur le *Sommeil normal et pathologique.* Discussion du rapport.

16 h. 45 : Réception des membres participants des Centenaires de *Pine* et de *Vulpian*, par la Municipalité de Paris, à *l'Hôtel de Ville.*

Jeudi 2 *juin*, 9 heures et 15 heures : à *la Salpêtrière* (Amphithéâtre de l'Ecole des Infirmières) : *VIII*[e] *Réunion Neurologique internationale* : Rapports de MM. DE KLEJN (d'Utrecht) et HAUTANT (de Paris) sur les *Moyens d'exploration clinique de l'appareil vestibulaire*. Discussion des rapports.

Délégués officiels,

France.

M. le médecin Inspecteur DOPTER, Directeur de l'Ecole d'Application du Service de santé militaire, représentant le Service de Santé militaire.

Belgique.

Le Pr Auguste LEY (Faculté de Médecine de l'Université de Bruxelles), MM. les P[rs] ZUNZ, D'HOLLANDER (Académie Royale de Médecine de Belgique), le Pr Auguste LEY, le D[r] VAN BOGAERT (Société belge de Neurologie).

Colombie.

MM. le Dr Joseph-Albert CAMACHO, le Dr Bernard SAMPER (Faculté de Médecine de Bogota).

Cuba.

M. DE LA CALLE (délégué du Gouvernement).

Danemark.

M. le Pr Viggo CHRISTIANSEN (Société Danoise de Médecine).

Espagne.

M. le Dr BELARMINO RODRIGUEZ ARIAS (Faculté de Médecine de Barcelone).

Egypte.

MM. le Dr HASSAN-DIWANY, directeur de la Mission scolaire égyptienne ; le Dr ABDUL-MALAK-LOUKA (Association Médicale de la ville de Tantah) ; le Dr IBRAHIM-SCHABRY (Association Médicale de la ville de Tantah) ; le Dr MOHAMED-MAHFFOUZ (Association Médicale d'Alexandrie).

Esthonie.

MM. le Pr PUSSEPP (Société de neurologie Esthonienne), le Dr REUTER, (Société de Neurologie Esthonienne), le Dr HION (Société de Neurologie Esthonienne), le Pr PUSSEPP (Faculté de médecine de l'Université de Tartu), le Dr PUSSEPP (Institut français de Tartu).

Grande-Bretagne.

M. le Dr C. HUBERT-BOND, Commissaire médical à l'Office de contrôle, Délégué de cet office de contrôle ; Délégué par le Collège Royal de Médecine et par la British medical Association.

M. le Dr HAMILTON-MARR, Commissaire médical des services de contrôle pour l'Ecosse ; Président de la Royal Medico-psychological Association.

M. le Dr Donald Ross.

M. le Dr ROBERTSON.

Guatemala.

M. le Dr FIGUERA, délégué du Gouvernement de Guatemala.

Hollande.

MM. le Pr WIERSMA (Université de Groningue), le Pr BUYTENDIJK (Université de Groningue), DEJONG (Clinique Neurologique de l'Université d'Amsterdam).

Italie.

MM. le sénateur FANO (Académie Royale des Lincei), le Pr PERROCITO (Universités de Pavie et de Sassari), le Pr ACHARD (Faculté de Médecine de Milan), le Pr CH. RICHET (Académie des Sciences de l'Institut de Bologne), le Pr Emile ROUX (Académie des Sciences de l'Institut de Bologne), le Pr Camille NEGRO (Royale Académie de Médecine de Turin), le Pr POLIMANTI (Université de la Faculté de Médecine de Pérouse), le Pr GLEY (Université de la Faculté de Médecine de Pérouse), le Dr FRANCHINI (Directeur de l'hôpital psychiatrique de Plaisance), CATOLA (Académie de médecine de Florence), BOSCHI (Ferrare), SALIMBENI (Faculté de médecine de Padoue).

Luxembourg.

M. le Dr MOUTRIER, délégué du Gouvernement du Grand-Duché.

Mexique.

MM. le Dr RAFAEL CABRERA, ministre du Mexique en Belgique ; délégué du Gouvernement mexicain ; délégué de l'Académie mexicaine de médecine, PONS CHAZARO (Académie nationale de médecine du Mexique).

Monaco.

M. le Dr VIVANT (Société Médicale de Monaco).

Norvège.

M. VOGT (délégué du Gouvernement).

Palestine.

MM. le Pr CLAUDE (Académie de Médecine de Jérusalem), le Dr SEGAL (Association des Médecins juifs).

Pologne.

M. le Dr JARKOWSKI, délégué du Gouvernement.

Portugal.

MM. le Pr EGAS MONIZ (Faculté de Médecine de Lisbonne ; Société des Sciences médicales de Lisbonne), le Pr GLEY (Faculté de médecine de Porto).

Roumanie.

M. NICOLESCO, délégué du Gouvernement.

Russie.

MM. LAZAREFF, délégué par le Commissariat du Peuple de la santé publique, le Dr RABINOVITCH (délégué par le Commissariat du Peuple de la santé publique, le Dr SIMSON (délégué par le Commissariat du Peuple de la santé publique), le Pr CHOROSCHKO (Institutions scientifiques de l'U. R. S. S.)

Suisse.

MM. le Dr BING (Société suisse de Neurologie), le D^r CH. DUBOIS (Société suisse de Neurologie).

Uruguay.

M. le Pr NAVARO (Faculté de Médecine de Montevidéo).

Vénézuela.

MM. PINOPOU, CONDÉ JAHN (Académie de médecine de Caracas).

Adhérents.

France.

MM. ABADIE, ARNAUD, BAKK, BARIÉTY, BÉRAUT, BRISSOT, Mme le Dr Berthe CHAUCHARD, CHAUCHARD, A. COLLIN, COURJON, DARIER Jean DECHAUME, DEMAY, DESRUELLES, LE DIRECTEUR DE L'ECOLE UNIVERSITAIRE D'AIX-MARSEILLE, DUMAS, DUFOUR, DUPAIN, ETIENNE (Georges), FILLASSIER, Maurice de FLEURY, FROMENT, GAUDUCHEAU, GUERET, HALBERSTADT, HENNEQUIN, HEJDA (Frederic), HOFFMANN-LA-ROCHE, Marthe HENRY, LAMBERT, LAGRIFFE,

Lannois, Laplane, Laurès (Gaston), Lépine (Jean), Mlle le Dr Gabrielle Lévy, Lévy-Valensi, Merklen, Minkowski (Eugène), Miraillé, Molin de Teyssieu, Marcel Nathan, Pichon (Edouard), Piéron, Reboul-Lachaux, Rimbaud, Stodel, Tournade, Médecin Inspecteur général Vaillard, Ygouf.

Argentine.

M. Amilcar Martelli.

Autriche.

MM. Economo (Vienne), Schuller (Vienne).

Belgique.

MM. Prof. Béco (Bruxelles), Van Bogaert (Anvers), Dr Boulanger (Bruxelles), Pr Corneille Heymans (Gand), Dr De Craene (Bruxelles), Dr Franz Van Dessel (Duffel), Divry (Bruxelles), Pr Dewaele (Gand), Pr Duesberg (Liége), Dr Helsmoortel Junior (Anvers), Pr D'Hollander (Louvain), Pr I. Firket (Liége), Dr F. Gowaerts (Bruxelles), Pr Ide (Louvain), Pr Ch. Julin (Liége), Dr Lauwers (Courtrai), Dr Ley (Auguste) (Bruxelles), Ley (Rodolphe), (Bruxelles) Pr De Moor (Bruxelles), Pr Nolf (Bruxelles), Pr Noyons (Louvain), Pr Roskam (Liége), Mme Tysebaert-Beeckman (Bruxelles), Pr De Winiwarter (Liége), Pr Zunz (Bruxelles), L'Hoest (Liége).

Brésil.

MM. Pr Miguel Couto (Rio de Janeiro), Dr Plinio Olinto (Rio de Janeiro), Dr Miquel Ozorio de Almeida.

Grande Bretagne

MM. le Pr Barcroft (Cambridge), Dr C. Hubert Bond (Londres), Pr H. Munro Fox (Birmingham) Pr R. Hill (Cambridge), Pr Starling (Londres)

Espagne.

MM. Dr W. Lopez Albo Alameda de Urquijo (Barcelone), Dr Rodriguez Arias, Pr Pi y Sunés.

Esthonie.

MM. Dr V. Hion, Pr Pussepp, Dr J. Rever.

Egypte.

M. Abdullah Louca.

Etats-Unis.

MM. Clifford W. Beers, Dr Karl G. Zowick.

Colombie.

MM. Dr CAMACHO, Dr SAMPER.

Danemark.

MM. Pr VIGGO CHRISTIANSEN (Copenhague), Dr SCHROEDER (Copenhague), Pr WIMMER (Copenhague).

Hollande.

MM. Dr L. BOUMAN (Utrecht), Pr F.-J.-J. BUYTENDIJK (Groningue), Dr L. COENEN (Haarlem), Dr GRUNBAUM (Amsterdam), Pr IMDRASSIK (Groningue), D^r^ DE JONG (Amsterdam), Dr RADEMAKER (Utrecht), Pr E.-D. WIERSMA (Groningue).

Italie.

MM. Dr Guiseppe AMIONE (Turin), Pr BOSCHI Gaetano (Ferrare), Pr Guinio CATOLA (Florence), Dr Nestore CHIERSICH, Pr EMÉRICO LUNA (Palerme), Dr FRANCHINI (Plaisance), Dr Pr FRANSECO DE GRECI (Aguila), Pr MINGAZZINI (Rome), Dr Giorgo MADONESI, Pr Camillo NEGRO (Turin), Dr Fedele NEGRO (Turin), Dr PERRIER Stefano (Turin), Pr DALVADO POLIMANTI (Pérouse), Pr ROASENDA G. (Turin), Pr Dr SALMON Alberto (Florence), Dr Mme SALMON Alberto (Florence).

Luxembourg.

M. Dr MOUTRIER.

Mexique.

M. Dr Rafael CABRERA (Bruxelles).

Monaco (Principauté).

M. Dr VIVANT (Monaco).

Palestine.

M. Dr J. SÉGAL.

Pologne.

M. N. JUSKMANN (LODZ).

Portugal.

MM. le Pr ATHIAS (Lisbonne), Dr FONTÈS (Lisbonne), Pr Antonio Gaëtano de ABRUN FREIRE EGAS MONIZ (Lisbonne), D^r^ DE OLIVEIRA-FIAS (Lisbonne).

Roumanie.

MM. Dr KREINDLER (Arthur), Dr NICOLESCO (Bucarest), Dr POPPER (Bucarest), Dr RUSSO (Bucarest).

Russie.

MM. Pr W. Choroschko (Moscou), Lazareff, Rabinovitch, Simson.

Suisse.

MM. Pr Arthus (Lausanne), Dr Bersot (Neuchâtel), Pr Dr Bing (Bâle), Dr H. Brunschweiler (Lausanne), Dr Ed. Claparède (Genève), Berne, Dr Kummer Ernest (Genève), Dr Ladame (Charles) (Asile de Bel-Air), Pr Prévost (Genève).

Turquie.

M. le Dr Conos (Constantinople).

Algérie.

M. le Pr Tournade (Faculté de médecine, Alger).

Adresses. Excuses.

Le Comité a reçu des télégrammes de félicitations, des adresses et des excuses de :

M. le Directeur général de la Santé publique d'Albanie, de M. le Directeur des Affaires étrangères du Royaume du Hedjaz, de la Société Brésilienne de Neurologie (Pr Juliano Moreira), de la Société de Neurologie de Copenhague (Knud Krabbe), de la Société des médecins finlandais, du Sénat de l'Université d'Amsterdam, de la Faculté de médecine de Catane (Pelletti), de l'Académie de médecine de Jérusalem (Kalbian), du Corps clinique du Manicomio Bombarda de Lisbonne (Pr Sobral Cid), de la Clinique des maladies mentales de la seconde Université de Moscou (Pr Guilarowski), de la Clinique des maladies nerveuses de l'Académie médicale militaire de Leningrad (Pr Astvasttovroff), de l'Institut d'Etat pour le perfectionnement du Savoir médical de Léningrad, de la Société des neurologistes et aliénistes du Caucase du Nord et des cliniques de l'Université de Rostow sur le Don (Pr Yuchtyschenko Endine), de la Clinique neuropathologique de Irkoustk (Pr Toporkoff, Steinberg, Efrinoff, Chodos, Schostacowitch, Meier, Samochina), de l'Institut psychoneurologique d'Etat Ukrainien de Charkow (Pr Heymanovitch), de la Société neuropathologique et psychiatrique au nom de Darkschevitsch du Saratow, de la Société pour l'assistance des malades atteints de maladies nerveuses de Prague (Pr Haskovec), et de MM. Percival Bailey (Boston), Bing (Bâle), Divry (Liége), Ch. Dubois (Berne), Falkowski (Vilna), Flatau (Varsovie), Smith Ely Jelliffe (New-York), Mills (Philadelphie), Minkowski (Zurich), Minor (Moscou), Egas Moniz (Lisbonne), Monrad Krohn (Oslo), Nivierre (Vichy), Polimanti (Pérouse), Revello (Gênes), Rouvillois (Rennes), Vlevianos (Athènes), Wimmer (Copenhague).

CÉRÉMONIE
ORGANISÉE AU GRAND AMPHITHÉATRE
DE LA FACULTÉ DE MÉDECINE DE PARIS

Le samedi 28 mai 1927, à 21 heures,

SOUS LA PRÉSIDENCE DE M. ANDRÉ FALLIÈRES,
Ministre du Travail, de l'Hygiène et de l'Assistance publique.

Discours de M. le Professeur ROGER, Doyen de la Faculté de médecine de Paris.

MONSIEUR LE MINISTRE,
MESDAMES, MESSIEURS,

L'évolution générale de la médecine peut être divisée, un peu arbitrairement, en trois grandes périodes : la période empirique, qui débute avec Hippocrate, période d'observation qui se retrouve à l'origine de toutes les connaissances humaines ; l'empirisme n'est pas, comme on le dit trop souvent, la négation de la science : il en marque le début.

Vint ensuite la période anatomique, qui commença au XVIIIe siècle et domina la médecine pendant tout le cours du XIXe, continuant à exercer encore une influence considérable.

La troisième période, période physiologique, eut pour précurseurs Galien, puis Harvey, Haller, Spallanzani ; mais elle ne s'est vraiment développée qu'au début du XIXe siècle. C'est en France qu'est né le grand mouvement biologique qui devait entraîner la médecine vers une orientation nouvelle et l'élever au rang d'une véritable science.

Sur le fronton de la physiologie contemporaine nous pouvons, avec quelque fierté, inscrire les noms de Magendie, Flourens, Cl. Bernard, Longuet, Brown-Séquard, Marey, Chauveau et Vulpian. Tous étaient médecins et la plupart ont évolué de la médecine vers la physiologie. Ils commencèrent par l'observation de l'homme malade et trouvèrent dans l'analyse des fonctions troublées, les inspirations nécessaires à l'étude des fonctions normales, méthode irrationnelle au premier abord, extrêmement féconde en réalité et qui, aujourd'hui encore, inspire ou suggère les meilleures idées de recherches expérimentales.

Vulpian suivit une voie un peu différente. Il commença par étudier la physiologie et c'est de la physiologie qu'il évolua vers la médecine.

Rien, au début de sa carrière, ne semblait indiquer qu'il serait un homme de science. Il avait des dispositions artistiques et ses professeurs de dessin rêvaient de l'envoyer aux Beaux-Arts. Il avait surtout des goûts littéraires et c'est ce qui le poussa à préparer le concours de l'Ecole normale. Elève studieux, travailleur, doué d'un jugement précoce et d'un esprit pénétrant, il semblait posséder toutes les qualités requises pour réussir, mais les concours sont pleins d'embûches et de surprises. Malgré ses dons remarquables, Vulpian, échoua. Ce fut un coup pénible qui semblait briser toutes ses espérances et détruire tous ses rêves. La famille de Vulpian n'était pas riche ; elle ne pouvait s'imposer de nouveaux sacrifices. Il fallait donner au jeune bachelier un métier rapidement rémunérateur ; on décida de le mettre en apprentissage chez un menuisier. Celui qui avait rêvé de traduire et de commenter Homère et Platon, Cicéron et Virgile, allait être condamné à manier, toute sa vie, la scie et le rabot.

C'est alors qu'intervint le hasard, le hasard qui est et sera toujours la véritable providence de l'homme ; quand tout paraît perdu il se plaît à apporter, à qui mérite ses faveurs, un appui ou un soutien. Seulement il faut savoir saisir l'occasion ; la plupart des hommes la laissent échapper. Voilà pourquoi ils se plaignent de leur sort.

Cette fois le hasard faisait intervenir un excellent homme, un savant modeste, Philippeau, bien oublié aujourd'hui. Il était préparateur de Flourens au Muséum ; il présenta le jeune Vulpian à l'illustre physiologiste, et celui-ci l'accepta comme aide-préparateur : la destinée venait d'ouvrir à Vulpian la porte qui donnait sur le chemin de la gloire.

Flourens occupait alors une situation prépondérante. Ses travaux sur le système nerveux, qu'il publia âgé de 28 ans à peine, lui avaient acquis une réputation mondiale. A l'âge où la plupart des hommes cherchent encore leur voie, Flourens était déjà célèbre. Il exerça sur l'esprit de son jeune disciple une influence considérable ; il le dirigea vers l'étude du système nerveux, le préparant ainsi aux recherches qui devaient remplir la plus grande partie de son activité scientifique.

A son ancien maître, Vulpian a gardé une véritable vénération, et, plus tard, quand il fut, à son tour, parvenu au faîte des honneurs, lorsqu'il eut été nommé secrétaire perpétuel de l'Académie des Sciences, c'est l'éloge de Flourens qu'il prononça à la séance annuelle de l'Institut.

Cet éloge, je l'ai lu quand il fut publié en 1886. Il me fit une impression si profonde, j'en ai gardé un souvenir si vivace, que je n'ai pas eu besoin de le relire pour vous en parler ce soir. Je me rappelle en quels termes saisissants Vulpian nous montrait Flourens partant de Montpellier, où il venait d'être reçu docteur en médecine à l'âge de 20 ans et, venant travailler à Paris dans le laboratoire de Cuvier. Il passait ses journées au Muséum et le soir se mettait au courant des publications de médecine et de physiologie ; il prolongeait ses lectures bien avant dans la nuit et quand, cédant à la fatigue et au sommeil, il allait goûter un repos bien mérité, il se mettait à la fenêtre de sa chambre et, du haut de la montagne Sainte-Geneviève, où il habitait, il contemplait le panorama de la ville endormie. Comparant sa prodigieuse activité à la paresse ou à la nonchalance des autres hommes, il se disait que tous mourraient inconnus et que lui seul serait célèbre, sentiment d'orgueil qu'ont éprouvé bien des travailleurs dans leur jeunesse, rêve d'ambition légitime et utile qui pousse à l'effort pour la conquête de la gloire. Mais les années passent et la vision change. A la fin de sa vie, Flourens avait quitté les hauteurs du vieux Paris pour aller se reposer dans la plaine de Montgeron. Il se remémorait l'œuvre qu'il avait accomplie, il essayait de revivre les heures de gloire qu'il avait connues. Mais déjà tout s'estompait dans les brumes du passé ; sa réputation diminuait, le souvenir de ses découvertes s'effaçait peu à peu, et il se demandait, avec tristesse, 'il n'avait pas gâché sa vie ; à quoi bon travailler si l'oubli vous ensevelit avant la mort ? N'est-ce pas le sort de presque tous les hommes de science ? Leur œuvre est une pierre qu'ils apportent à l'édifice séculaire : on admire un moment leur effort, on l'a vite oublié. Que de fois il m'est arrivé à un examen d'interroger un élève sur l'œuvre de tel ou tel grand homme ; le candidat me regardait avec surprise : le nom, il le connaissait vaguement ; l'œuvre, il n'en avait aucune notion.

La renommée est une déesse frivole et volage qui réserve ses faveurs aux littérateurs et aux artistes, à ceux qui fêtent le printemps ou qui chantent l'amour : un petit sonnet vaut mieux qu'une grande découverte. Heureusement les jeunes gens ne pensent pas ainsi j'entends ceux qui ont du goût pour la recherche : ils ont des illusions, sans quoi la vie serait insupportable ; ils ont de l'ambition, sans quoi la vie serait stérile. Vulpian avait de l'ambition, il s'en plaint même : « Je me sentirais un des mortels les plus heureux, écrivait-il, sans un grain d'ambition qui fermente dans un sillon de mon cœur. »

Cette ambition le poussa à conquérir les grades qui n'ont d'importance ou d'intérêt que si on les recherche pour accroître ses connaissances ou faciliter ses travaux ; il fut nommé interne en 1846, docteur en médecine en 1853, médecin des hôpitaux en 1857, agrégé en 1860. En 1864, Flourens, dont il était toujours le préparateur, le chargeait de le suppléer au Muséum. De 1864 à 1866, il fit des cours sur la physiologie du système nerveux. Ses leçons furent publiées et produisirent dans le monde scientifique et même en dehors du monde scientifique, une impression profonde. Le succès qu'il obtint contribua à le faire présenter par la faculté à la chaire d'anatomie pathologique laissée vacante par la retraite de Cruveilhier. Le Conseil académique ne ratifia le choix qu'à une voix de majorité ; c'est que des survivants du moyen âge avaient surgi qui lançaient l'anathème contre le physiologiste assez audacieux pour attribuer au cerveau un rôle dans les manifestations psychiques.

Ne devait-on pas continuer à croire que le cerveau a simplement pour fonction de subvenir à la nutrition du système nerveux. Il fallait accepter, sous peine d'hérésie, la formule de Buffon : « Le cerveau sert à nourrir les nerfs... il est aux nerfs ce que la terre est aux plantes. » Toute tentative pour accroître l'importance des fonctions cérébrales semblait entachée d'un grossier matérialisme ; toute découverte sur les fonctions du cerveau apparaissait comme un attentat contre la prééminence de l'âme, comme une tentative dangereuse pour la dépouiller de sa séculaire grandeur.

La réaction était puissante, elle fut implacable ; elle n'osa pas demander que le hardi novateur fût brûlé avec son livre sur la place de Grève, mais elle fit un effort désespéré pour arrêter l'essor de la pensée et la liberté du travail scientifique, pour circonscrire dans un cercle étroit le terrain des recherches permises.

Devant les attaques, les calomnies et les injures, Vulpian reste impassible. Il ne fut pas troublé par la pétition adressée au Sénat pour obtenir sa révocation et continua, dans la sérénité de sa conscience, l'œuvre qu'il avait entreprise. Peut-être comprit-il que la persécution apporte souvent une consécration à la gloire. Bien des savants et des philosophes du moyen âge ne sont connus de la postérité que pour avoir été brûlés vifs.

Cruveilhier, à qui succédait Vulpian, avait été un de nos plus grands, sinon le plus grand de nos anatomo-pathologistes. Ses découvertes sont aussi nombreuses qu'importantes, mais il avait vieilli et les vieillards sont presque toujours incapables de suivre le mouvement scientifique qui transforme si rapidement nos moyens d'étude et de recherches. Vulpian eut le mérite de rajeunir l'enseignement désuet de son prédécesseur ; il fit connaître en France les méthodes nouvelles usitées à l'étranger, fit profiter l'anatomie pathologique de la maîtrise qu'il avait acquise en médecine expérimentale. Il marqua d'une trace profonde son passage dans la chaire, mais six ans plus tard l'occasion lui fut donnée d'assurer l'enseignement qui convenait le mieux à ses aptitudes scientifiques. En 1872, Vulpian était nommé professeur de pathologie expérimentale et comparée.

La chaire qu'il obtenait avait été poursuivie par la malchance. Elle avait été créée en 1862 et Rayer en avait été nommé le premier titulaire. Rayer avait tous les titres à occuper cette haute fonction, même les titres politiques, c'est ce qui le perdit : tandis que les réactionnaires s'acharnaient contre Vulpian, les libéraux s'attaquèrent à Rayer ; ils le dénoncèrent comme un suppôt de l'Empire. Il y eut des manifestations tellement bruyantes, que Rayer ne put jamais faire une leçon, et, las de lutter contre ses adversaires, il donna sa démission en 1864.

Après ce début malheureux, l'enseignement de la pathologie expérimentale resta en sommeil pendant 6 ans jusqu'en 1870.

On nomma alors Brown-Séquard, dont les leçons obtinrent un succès prodigieux et d'ailleurs mérité. Mais Brown-Séquard était un nomade ; en 1872, il abandonna sa chaire et repartit pour l'Amérique. Avec Vulpian, tout rentra dans l'ordre.

Pendant 15 ans, jusqu'à sa mort, Vulpian fit un enseignement qui attira toujours une foule d'auditeurs. Il organisa son laboratoire, il groupa autour de lui des disciples fidèles et des travailleurs consciencieux. Pendant 15 ans, par ses découvertes comme par son enseignement, il jeta le plus grand éclat sur notre faculté, il en accrut le prestige, car il travailla puissamment au progrès de la médecine expérimentale, contribuant ainsi à donner à la clinique une base solide et, sur bien des points, inébranlable.

Ses recherches sur la sclérose en plaques, sur les lésions médullaires de la paralysie infantile, sur les vaso-dilatateurs sont trop connues pour que j'aie besoin de les exposer.

La découverte de la coloration spéciale qu'on obtient en appliquant du perchlorure de fer sur les capsules surrénales est devenue classique ; elle est universellement connue sous le nom de Réaction de Vulpian.

Quoiqu'il ne s'adonnât pas à la bactériologie, il a cependant commencé l'étude des septicémies salivaires, par une découverte qui devait être féconde en résultats importants. Ses travaux et ses recherches sont consignés dans plusieurs ouvrages qu'on lit toujours avec intérêt, car ils abondent en résultats importants et en détails précis : ce sont ses leçons sur le système nerveux, sur les nerfs vaso-moteurs, sur les substances toxiques et médicamenteuses.

Esprit méthodique et clair, travailleur consciencieux et expérimentateur habile, Vulpian ne publiait rien sans avoir répété et multiplié ses expériences. Quand il obtenait des résultats contradictoires, il les annonçait en toute franchise. Il croyait au déterminisme, mais il en connaissait les difficultés ; il savait combien de contingences interviennent qui doivent nous rendre réservés et circonspects, voilà pourquoi il redoutait toujours les théories et les doctrines. Il est facile, en médecine, de s'élever à des conceptions générales et de développer des hypothèses brillantes qui séduisent l'esprit superficiel de ceux qui n'ont pas été en contact journalier avec les difficultés de l'expérimentation. Vulpian préférait se maintenir sur le terrain solide des faits ; il renonçait ainsi à des triomphes passagers, il s'assurait une réputation durable.

Malgré le labeur considérable que lui imposaient ses recherches de l'aboratoire, Vulpian accepta, en 1875, la lourde tâche de Doyen. Il fut un administrateur remarquable ; la justice et la rectitude de son esprit, la fermeté de son caractère qui s'alliait à une grande indulgence, lui valurent l'estime de ses collègues et l'affection des étudiants. Dès que des manifestations bruyantes se produisaient, il n'avait qu'à paraître pour que l'ordre se rétablît. Son décanat marque une période heureuse dans l'histoire de la Faculté et aussi une période féconde : on commença la reconstruction de l'école pratique, on ouvrit vingt nouveaux laboratoires, on réorganisa, avec l'aide de Farabœuf, l'enseignement de l'anatomie ; l'hôpital des cliniques fut reconstruit ; quatre nouvelles cliniques furent créées, les cliniques de psychiatrie, de pédiatrie, de dermatologie et syphiligraphie, d'ophtalmologie, qui eurent pour premiers titulaires Ball, Parrot, Fournier, Panas.

La Faculté pouvait être fière de l'œuvre accomplie : elle s'était rajeunie et transformée, elle avait établi de solides fondations pour l'avenir et ces modifications, si importantes et si utiles, avaient été réalisées en l'espace de 6 ans ; car, dès 1881, Vulpian donna sa démission de doyen, emportant dans sa retraite les regrets unanimes de toute la Faculté, des élèves comme des maîtres.

Vulpian avait l'âme trop sensible pour être heureux. La mort de sa mère, survenue l'année même où il fut nommé médecin des hôpitaux, provoqua une crise douloureuse qui compromit gravement sa santé. Il chercha une distraction dans le travail et trouva, sinon l'oubli, du moins l'apaisement, dans un labeur intense.

En 1868, il se mariait. Cette union lui valut quelques années de bonheur, Vulpian avait trouvé la femme qui est à la fois la compagne et l'amie du savant, celle qui sait comprendre l'œuvre de son mari, qui s'y intéresse, qui en suit avec émotion le développement progressif, qui en saisit l'importance et qui sait s'enorgueillir de la gloire qui s'en échappe pour rayonner sur le foyer familial.

Ce bonheur ne dura que 16 ans, encore fut-il troublé par la mort précoce d'un enfant en 1880. Quatre ans plus tard, Mme Vulpian succombait à son tour, brusquement terrassée par une hémorragie cérébrale. Malgré l'affection qu'il portait à son fils aîné, malgré le surcroît de labeur qu'il s'imposa, malgré les honneurs dont il fut comblé, Vulpian n'arriva jamais à se remettre du coup qui l'avait frappé. Il perdit la santé, s'affaiblit progressivement et mourut en 1887, emporté en quelques jours par une pneumonie.

Il laissait un fils qui peut aujourd'hui s'enorgueillir à juste titre de l'hommage rendu à celui qui fut à la fois un homme de science et un homme de bien, à celui qui est parvenu aux honneurs sans les chercher, qui n'a dû son élévation qu'à la ténacité de son effort et à la puissance de son génie.

Retracer la vie de Vulpian, c'est donner à la jeunesse un exemple salutaire. C'est lui montrer que celui-là seul parvient à une gloire durable qui a su accomplir une œuvre utile. Le labeur obscur du savant fait jaillir la lumière qui projette une clarté sur l'avenir ; parfois la lueur vacille et finit par s'éteindre : qu'importe, si elle a pu, ne fût-ce qu'un moment, éclairer la route du Progrès !

Discours de M. Alfred LACROIX, Secrétaire perpétuel de l'Académie des sciences.

MESDAMES, MESSIEURS,

L'Académie des sciences tient à prendre sa part dans la glorification de l'un des siens qui a rendu les plus éminents services à la Science et à son Pays.

M. le Doyen Roger vient de retracer, avec toute son autorité et toute sa compétence, les étapes rapides de la brillante carrière de Vulpian, aussi bien ne m'y arrêterai-je pas.

Il semble que Vulpian doive être essentiellement considéré comme le type du physiologiste Médecin. Son originalité fut d'être à la fois, et d'une façon égale, anatomiste, physiologiste et clinicien. C'est de la symbiose de ces trois qualités qu'est faite la puissance de son œuvre et de son action sur ses contemporains. Une telle réunion d'aptitudes et de connaissances aussi variées est condamnée à devenir de plus en plus rare, car le développement de la science en général, et, en particulier, des sciences médicales, qui interrogent les vastes horizons des connaissances humaines dans les directions physiques et naturelles, conduisent fatalement à la spécialisation, et même à une spécialisation de plus en plus étroite. Plus que tout autre, peut-être, Vulpian a montré, par l'exemple, la fécondité de la comparaison des observations relevées au lit du malade et des résultats de l'expérimentation sur les animaux.

Cette tendance à l'universalité des connaissances biologiques s'est manifestée chez lui, dès sa jeunesse, alors qu'interne des hôpitaux, il entre au Muséum d'histoire naturelle, dans le laboratoire de Flourens pour y faire de la physiologie générale et de l'anatomie comparée. Son intelligence et son activité, l'intérêt des résultats de ses premières recherches, frappent à tel point le Maître qu'il le prend comme préparateur adjoint et que, plus tard, il lui confie la suppléance de son cours. Trois années d'enseignement au Muséum, aussi brillant par la forme que par le fond, ont un énorme retentissement, avec même des conséquences extrascientifiques que ne prévoyait pas le jeune professeur. Elles ont laissé une trace durable constituée par ses leçons sur la *Physiologie générale et comparée du système nerveux* qui sont demeurées classiques. Cet ouvrage ne renferme pas seulement l'expression de la science acquise ; il est rempli d'observations et de vues personnelles se rapportant à la pathologie et à la physiologie des nerfs craniens, vaso-moteurs et secréteurs ainsi qu'aux centres nerveux, vastes sujets que l'auteur va exploiter pendant de longues années.

A Vulpian est due encore l'introduction de l'histologie dans l'enseignement officiel de l'anatomie pathologique ; là, comme ailleurs, le microscope a apporté des révélations, déterminé une véritable révolution ; désormais la France regagnait un temps précieux perdu.

Cet enseignement nouveau, très vivant, était, lui aussi, enrichi par l'exposé de découvertes, de perfectionnements techniques dus au professeur

Lorsqu'après quelques années, Vulpian change de chaire, il fait encore œuvre de novateur ; les auditeurs affluent, nombreux et intéressés, aux leçons de pathologie et de toxicologie expérimentales, où il leur fait des démonstrations concernant l'action sur les animaux des venins, des poisons et, d'une façon plus générale des divers agents médicamenteux, afin d'arriver à la compréhension de leur rôle possible dans le traitement des maladies de l'homme.

Est-il besoin surtout de rappeler que Vulpian a partagé avec son ami Charcot l'honneur d'avoir établi les bases de la pathologie nerveuse sur les résultats fournis par l'anatomie pathologique et la clinique? Ses leçons à la Salpêtrière sont célèbres et ses livres sur *la physiologie et la pathologie de l'appareil vaso-moteur*, sur le *Traitement des maladies de la moelle épinière*, parmi bien d'autres publications, attestent de la grandeur de l'œuvre accomplie.

Ce qui frappe dans ce long labeur, c'est sa grande étendue à la fois en surface et en profondeur. Amoureux de la perfection, quand Vulpian abordait un sujet, il cherchait à l'épuiser ; puis, les résultats une fois publiés, il ne les perdait plus de vue ; des scrupules surgissaient-ils dans son esprit sur un point particulier, ou bien la question était-elle reprise par d'autres avec des résultats indécis, il se remettait à l'œuvre, cherchant toujours plus de précision, plus de lumière.

Il n'excellait pas seulement dans l'exécution, il avait aussi l'art de l'exposé méthodique, de la présentation élégante et claire.

Sobre dans ses conclusions, ne cherchant point à en cacher les points faibles, il était sceptique, et même sévère, vis-à-vis des théories en général — et même vis-à-vis des siennes.

En résumé, c'était une belle conscience et ceci, joint à son esprit de justice et à sa bonté, explique l'autorité qu'il a exercée autour de lui, le nombre et la qualité des amitiés dont il sut s'entourer.

Le premier contact de Vulpian avec l'Académie des sciences fut très précoce : dès 1852, il commence à lui envoyer les conclusions de ses études d'anatomie et de physiologie, effectuées en collaboration avec Philippeaux, études qui furent couronnées en 1863.

En 1868, pour la première fois, Vulpian est inscrit sur une liste de présentation pour une place vacante dans la section de médecine et de chirurgie ; en 1876, il devient titulaire, à la suite d'une élection mouvementée, dans laquelle il eut pour émule un autre physiologiste de marque, Marey.

Ses confrères ne tardèrent pas à apprécier son savoir, la rectitude de son jugement, sa ponctualité à remplir tous ses devoirs, enfin la dignité de sa vie et de son caractère, aussi lui donnèrent-ils bientôt la plus haute marque d'estime qui fût en leur pouvoir. Depuis la réorganisation de l'Institut, en 1806, c'est-à-dire pendant plus de trois quarts de siècle, trois secrétaires perpétuels seulement, Cuvier, Flourens et J.-B. Dumas, avaient été à la tête de la division des Sciences physiques, — un quatrième, Dulong, n'ayant fait que passer ; — ces trois hommes illustres avaient donné à cette fonction un éclat incomparable. Lorsqu'il s'agit de remplacer J.-B. Dumas, les amis de Vulpian se comptèrent sur son nom ; il était élu, moins de deux ans plus tard, en remplacement de Jamin, son concurrent heureux de 1884.

Les espérances fondées sur lui ne furent malheureusement pas réalisées ; il n'occupa son siège que pendant une année ; à peine eut-il le temps d'écrire ce bel éloge historique de Flourens où il a exposé, avec une éloquence et une compétence hors pair, la vie et l'œuvre du maître, qui avait eu une influence décisive sur son orientation scientifique.

Il eut cependant une dernière occasion de montrer à quel point il était à la hauteur de la tâche assumée par lui. Il suivait avec un intérêt croissant le développement des recherches de Pasteur sur la prophylaxie de la rage ; quand le succès des expériences faites sur des chiens eut entraîné sa conviction définitive, ce furent lui et Grancher qui eurent raison des scrupules de Pasteur à opérer sur l'homme. Peu après, les adversaires du génial expérimentateur firent un dernier et furieux effort contre sa doctrine et sa personne, suprême assaut qui devait se briser contre le roc. Vulpian se dresse alors pour défendre l'œuvre nouvelle et le confrère absent.

J'ai relu hier le discours prononcé par lui, le 18 janvier 1887, en une circonstance dont nul n'a perdu le souvenir, discours ému, vibrant, à la dialectique serrée. Ce discours me paraît très spécifique du caractère de l'homme, tel que l'ont dépeint ceux qui l'ont bien connu ; passionné pour la science et par suite pour la vérité, indigné par l'injustice, prêt à se dévouer à toute noble cause, fidèle à ses amitiés.

Ce fut le chant du cygne : le 18 mai, il entrait prématurément dans l'éternel repos.

L'Académie des sciences rendit à son Secrétaire Perpétuel un dernier hommage, magnifique : par un vote unanime, elle choisit Pasteur pour lui succéder.

Discours de M. le Professeur F. RATHERY, Professeur de Pathologie expérimentale.

Mon titre de professeur de Pathologie Expérimentale me vaut le périlleux honneur de prendre la parole aujourd'hui devant vous.

Rien, en dehors de mes fonctions actuelles, ne me désignait pour prononcer le panégyrique de Vulpian. Je ne l'ai pas personnellement connu ; il est mort en 1887, alors que j'étais tout enfant, mais, de vieille famille médicale, j'ai souvent entendu autour de moi prononcer son nom ; mes souvenirs d'adolescent entouraient comme d'une auréole les grands contemporains de mon père ; Vulpian voisinait dans mon esprit avec Charcot et Pasteur, et cette association était pleinement justifiée. C'est avec Charcot que Vulpian fit ses recherches si importantes sur la physiologie et la pathologie du système nerveux ; c'est à Vulpian que notre grand Pasteur avait demandé conseil avant de pratiquer la première vaccination antirabique ; l'image a vulgarisé cette consultation célèbre. C'est Vulpian qui, à la tribune de l'Académie, jetait à Peter qui critiquait les doctrines de Pasteur, ce grand cri d'honnête homme et de savant : « Vous commettez là, Monsieur Peter, une mauvaise action ! »

De nombreux élèves de Vulpian vivent encore, et non des moindres. Quelques-uns vous rappelleront leurs souvenirs personnels et feront revivre devant vous cette figure si attachante ; ils vous retraceront mieux que moi toute la carrière du Maître qui, après un échec à Normale, allait entrer comme apprenti chez un menuisier, lorsque Philipeaux, préparateur de Flourens, lui offrit une place d'aide préparateur. Il connut alors successivement tous les triomphes : médecin des Hôpitaux, professeur à la Faculté de Médecine, puis doyen de cette Faculté, membre de l'Académie de Médecine, puis ensuite membre et secrétaire général de l'Institut.

Vous connaissez, tous, les discours prononcés par Charcot et Brown-Séquard, au moment de ses obsèques, et le très bel éloge que fit de son maître le professeur Hayem. Il est singulièrement difficile de prendre la parole après de tels prédécesseurs.

Le professeur de Pathologie expérimentale à la Faculté de Médecine se devait cependant d'apporter sa modeste contribution aux fêtes du centenaire de Vulpian. Vulpian fut en effet l'homme de cette chaire, à laquelle il donna un lustre incomparable. Il fut parmi les premiers à soumettre à l'expérimentateur les données de la clinique, et c'est en cela qu'il devra être compté parmi les grands rénovateurs des études médicales.

« On peut dire, écrivait Charcot, que le grand caractère de la vie scientifique de Vulpian est dans cette union intime du médecin et de l'expérimentateur. De bonne heure, il avait été amené à comprendre que, sans le secours de l'expérimentation, l'observation pure se montre souvent impuissante, tandis que, par contre, les données expérimentales, en tant du moins qu'il s'agit de la pathologie de l'homme, existent presque toujours sans application légitime, lorsqu'elles ne sont pas incessamment soumises au contrôle de la clinique. »

Cette alliance de la clinique et du laboratoire, nous la retrouvons constamment dans toutes les œuvres de Vulpian ; il n'en est pas une où les recherches expérimentales ne voisinent avec les observations cliniques ; c'est, écrit Straus, « dans cette union intime et harmonieuse du médecin et du physiologiste que réside précisément la rareté, l'originalité et la puissance de l'œuvre de Vulpian ».

Je voudrais, en un bref raccourci, essayer de vous caractériser le principaux travaux de Vulpian, à ce seul titre de professeur de médecine expérimentale, laissant de côté dans l'œuvre du Maître ses recherches de clinique, qu'il entreprit en grande partie de concert avec Charcot à la Salpêtrière, et dont d'autres, plus qualifiés que moi, vous parleront certainement.

L'œuvre expérimentale de Vulpian se rapporte à trois étapes de sa vie.

En 1864, il remplaçait Flourens à la chaire de Physiologie du Muséum ; il réunit les leçons qu'il y professa pendant trois ans dans un livre intitulé : *Leçons sur la physiologie générale du système nerveux.*

En 1867, Vulpian fut nommé, mais « non sans peine », écrit Charcot, à la chaire d'Anatomie pathologique, devenue libre par suite du départ de Jean Cruveilhier ; l'Anatomie pathologique macroscopique purement descriptive avait fait son temps.

Vulpian fut le créateur, à notre Faculté, de l'histologie pathologique ;

celle-ci ne fait-elle pas partie intégrante de la médecine expérimentale ?

En 1872, il était nommé à la chaire de Pathologie expérimentale et comparée ; il remplaçait Brown-Séquard, mais en réalité il en était le premier professeur.

Créée en 1862, la chaire de médecine expérimentale eut comme premier titulaire Rayer, qui resta nominalement en fonction jusqu'en 1864, sans pouvoir faire de cours, n'étant pas agréé par les étudiants. En 1870, Brown-Séquard fut chargé du cours sans avoir le titre de professeur ; il démissionnait en 1872.

Pendant 15 ans, Vulpian occupa cette chaire. « Il était là », écrit Straus, « à sa véritable et digne place ».

Ses leçons ont été fort heureusement conservées : elles font l'objet de trois ouvrages :

Leçons sur l'appareil vaso-moteur, publiées en 1875.

Leçons sur l'action physiologique des substances toxiques et médicamenteuses, professées dès 1875, mais réunies en volume, revues par Vulpian lui-même, en 1881.

Maladies du système nerveux, comportant plusieurs années de leçons, publiées en 1879 puis en 1887.

On peut donc distinguer dans les œuvres de Vulpian deux parties essentiellement différentes : celle relative au *système nerveux*, celle, d'autre part, se rapportant à *l'étude expérimentale des substances toxiques et médicamenteuses*.

Les travaux de Vulpian concernant le *système nerveux* sont considérables. « A l'époque où il commença ses premières recherches expérimentales, la physiologie du système nerveux venait de faire des progrès importants, réalisés surtout par les travaux de Flourens, de Cl. Bernard, de Longet et d'A. Waller, mais maintes questions restaient encore imparfaitement étudiées. » (Hayem.)

La *physiologie des nerfs* sollicita tout d'abord l'attention de Vulpian.

Dans sa thèse inaugurale, qui date de 1853, Vulpian étudie l'origine réelle de plusieurs nerfs craniens chez diverses espèces de mammifères.

Il note les effets de la section transversale de la racine descendante du trijumeau, et obtient des résultats identiques à ceux publiés par Magendie ; il arrive à sectionner sur le plancher du 4e ventricule la racine du nerf facial et du moteur oculaire externe.

Nous insisterons un peu plus sur ses travaux concernant *la régénération des nerfs*, et *la réunion bout à bout des nerfs coupés*. Ils nous montrent l'un et l'autre, en effet, pris sur le vif, toute la rigueur et toute la probité scientifique qui présidaient à ses expériences ; Vulpian aboutissait tout d'abord à des résultats qu'il infirmait dans la suite ; ses recherches sont de véritables modèles d'investigation expérimentale et montrent comment, grâce à sa sagacité, le savant peut arriver à éviter des déductions erronées et à découvrir la vérité.

Vulpian avait entrepris une série d'expériences sur la *régénération des nerfs* séparés des centres nerveux ; il voulait examiner si la loi établie par Aug. Waller s'appliquait au jeune âge comme à l'âge adulte. Après avoir coupé transversalement un nerf moteur (hypoglosse, facial, spinal) et arraché le segment central, il constatait que le segment périphérique du nerf, séparé du bulbe rachidien par un espace de 6 à 8 cm., se régénérait presque complètement chez les jeunes animaux.

Ses conclusions paraissaient inattaquables, et A. Waller lui-même admit la possibilité d'une régénération sur place, sans influence des centres trophiques, et même une récupération des propriétés physiologiques normales. Le fait avait une portée considérable. Or Vulpian, conscient de l'importance du problème qui paraissait pourtant résolu, répéta ses expériences ; il arriva à concevoir quelque doute sur l'exactitude de ses conclusions. Il rechercha toutes les *causes d'erreur* qui pouvaient entacher de nullité ses résultats. Il se demanda s'il n'existait pas un nombre infiniment restreint de filaments nerveux très ténus qui, coupés, pendant l'opération, finissaient par s'unir à l'extrémité centrale du nerf sectionné, et avaient ainsi pu rétablir des communications entre le segment périphérique du nerf et le centre nerveux.

A la suite de très patientes recherches, il arrivait à cette conclusion que cette hypothèse était exacte et que la régénération avait eu lieu par suite de l'union entre le segment périphérique du nerf grand hypoglosse et la partie centrale des filaments nerveux de la région coupée pendant l'opération.

Vulpian avait donc raison de douter de la légitimité de ses premiers résultats. Les lois de Waller devaient reprendre leur valeur entière et absolue. Ses expériences démontraient cependant que la communication entre les deux segments coupés pouvait être rétablie par un nombre relativement très faible de fibres nerveuses.

Nous retrouvons, dans ses études sur la *réunion bout à bout de nerfs coupés*, la même sagacité de l'expérimentateur.

Vulpian avait cherché si on pouvait obtenir la réunion bout à bout de deux nerfs de fonction différente, bout central du nerf lingual avec le bout périphérique du nerf hypoglosse par exemple. Il constata tout d'abord, avec Philipeaux, que ces réunions peuvent être réalisées ; on peut souder le bout périphérique de l'hypoglosse avec le bout central du lingual : le segment périphérique se régénère après s'être altéré, et recouvre ses propriétés physiologiques. Le fait expérimental était exact. Restait l'interprétation. Pouvait-on admettre que des fibres nerveuses de fonctions différentes se réunissaient et qu'un nerf sensitif devenait ainsi moteur ?

Flourens l'admettait, Schiff le niait. Vulpian vit immédiatement la solution du problème à résoudre.

La corde du tympan fournit au nerf lingual des fibres motrices ; si, avant de réunir le bout central du nerf lingual, au bout périphérique du nerf hypoglosse, on sectionne la corde du tympan, les excitations portan sur le nerf lingual ne se transmettent plus au nerf hypoglosse et consécutivement aux nerfs de la langue.

C'est donc bien et exclusivement par les fibres de la corde du tympan et non par les fibres propres sensitives du nerf lingual, que les excitations se propagent au travers de la soudure nerveuse jusque dans le bout périphérique du nerf hypoglosse.

Vulpian conclut de cette longue suite d'expériences que sa première conclusion aboutissant à l'affirmation que les fibres sensitives peuvent s'unir bout à bout avec des fibres motrices, et que les excitations portant sur les premières peuvent se transmettre à celles-ci, était prématurée. « La possibilité d'une telle union, écrit-il, est encore à démontrer. »

Nous avons longuement insisté sur cette suite d'expériences, car elle montre la rigueur scientifique de Vulpian, l'ingéniosité de ses déductions, et son souci constant de passer au crible le plus sévère les constatations qu'il avait faites. C'est la vraie méthode scientifique.

Les leçons sur l'appareil vaso-moteur ont comme point de départ les travaux de Cl. Bernard et de Brown-Séquard. Vulpian admet que les nerfs vaso-constricteurs sont dans un état d'activité permanente : les vaisseaux sont donc dans une situation continue de demi-resserrement qui constitue le tonus vasculaire.

Les nerfs vaso-dilatateurs pourraient, par leurs excitations, suspendre cette action tonique en paralysant les vaso-constricteurs et le tonus vasculaire cesserait. Vulpian admet l'existence de nerfs sécréteurs glandulaires, distincts des vaso-moteurs ; il expose le rôle des vaso-moteurs sur les sécrétions, l'absorption, la glycogénèse, la chaleur animale, la fièvre.

C'est dans ses leçons sur l'appareil vaso-moteur, que Vulpian démontre l'action de *la corde du tympan sur la circulation sanguine de la langue* ; il y voit une des manifestations de l'action des nerfs vaso-dilatateurs « qui doivent jouer », écrit-il, « un rôle non moins important que ceux des vaso-constricteurs ; les nerfs vaso-dilatateurs ne peuvent, à son avis, être considérés comme de vrais antagonistes des nerfs vaso-constricteurs.

On voit la multiplicité des problèmes traités au cours de ces leçons ; avec son esprit critique, Vulpian met en garde les médecins contre des généralisations trop hâtives : « On est bientôt arrivé à admettre que la plupart des troubles morbides de l'organisme ont pour origine ou pour mécanisme une modification fonctionnelle des nerfs vaso-moteurs. J'ai toujours lutté pour ma part, écrit-il, contre cette déplorable tendance à appliquer d'une façon prématurée à la pathologie, les données encore incertaines de la physiologie expérimentale. La plupart des assertions qu'on émet ainsi, sans aucune espèce d'esprit critique, sont d'ailleurs absolument dénuées de preuves ; ce sont des conceptions de cabinet, comme chacun peut en imaginer à plaisir. »

Nous ne pouvons que vous citer le *troisième groupe de ses recherches* sur le système nerveux concernant les sections expérimentales de la moelle, les embolies expérimentales des artères spinales, les myélites toxiques ; les modifications anatomiques de la moelle, à la suite de l'amputation d'un membre ou de la section de ses nerfs. Vulpian étudie les embolies cérébrales expérimentales, les excitations cérébrales et les localisations cérébrales ; il conclut qu'expérimentalement la localisation des centres spéciaux de l'écorce grise du cerveau pour les mouvements de telle ou telle partie du corps n'est pas encore démontrée, bien que « les faits cliniques conduisent à admettre leur existence ».

Les leçons de Vulpian sur l'action physiologique des *substances toxiques et médicamenteuses* sont un véritable modèle d'exposition et de critique expérimentale. On les relira encore aujourd'hui avec fruit ; certaines découvertes, il est vrai, ont modifié quelques-unes de ses conclusions ; Vulpian du reste s'y attendait ; il avait modestement appelé ses études des essais, et il écrivait : « D'autres investigateurs, pourvus de moyens moins imparfaits, pourront sans doute aller plus loin, et vérifier les hypothèses que, faute de mieux, l'on a été obligé d'imaginer pour combler les lacunes de l'exploration directe. » Vulpian s'efforce, pour toutes les recherches expérimentales qu'il effectue, de dégager le côté pratique de ses découvertes ; il a le souci constant de l'application à la thérapeutique humaine des notions qu'il a pu acquérir par ses études chez l'animal.

Il étudie tout d'abord les divers *anesthésiques*, montre leur action sur le cœur isolé de la grenouille, et conclut à une intervention directe de ces substances sur l'appareil nerveux intrinsèque du cœur.

Il montre que, dans l'intoxication par la *nicotine*, les tremblements spasmodiques ne se produisent chez la grenouille que lorsque l'isthme de l'encéphale a conservé intactes ses relations avec la moelle ; il en déduit que le tremblement en général, celui de la maladie de Parkinson en particulier, a pour point de départ des modifications de cette région du système nerveux.

Ses travaux sur le salicylate de soude sont restés classiques. Il aborde seulement l'étude des venins.

Il expose enfin, d'une façon très complète, les propriétés pharmacodynamiques du *jaborandi*, du *curare*, de la *strychnine* et des autres poisons *convulsivants*.

Les poisons paralysants, type curare, déterminent pour lui une « rupture physiologique entre la fibre nerveuse motrice et le faisceau musculaire innervé par cette fibre. »

Les poisons convulsivants, type strychnine, engendrent des phénomènes spasmodiques de nature réflexe, ne relevant pas d'une irritation directe de la moelle.

Vulpian étudie les effets physiologiques du jaborandi sur les sécrétions salivaires et sudorales ; il étudie son action sur la sécrétion pancréatique ; on obtient ainsi un suc pancréatique très abondant et très actif ; c'est un moyen aisé qu'on utilise encore dans les laboratoires pour avoir du suc pancréatique actif en abondance.

L'influence de la pilocarpine s'exerce sur la substance unissante qui met en communication les fibres excito-sudorales et les cellules des glandes sudoripares.

Je me suis borné, dans l'œuvre de Vulpian, à vous retracer ses principales recherches expérimentales; mais mon exposé est loin d'être complet car son œuvre est considérable. Si le Maître a surtout porté ses investigations sur le système nerveux et sur la toxicologie expérimentale, son esprit curieux a embrassé, pourrait-on dire, *tous les domaines de la pathologie expérimentale*. Je vous citerai surtout ses recherches classiques sur les *surrénales* et sur la réaction du suc médullaire de la glande qui prend une teinte noir bleuâtre, ou glauque, avec le sesquioxyde de fer, rose carmin avec l'iode. La réaction au perchlorure de fer avait été vue auparavant par Colin d'Alford, Vulpian lui-même le reconnaît; il ignorait ces recherches, lorsqu'il publia son mémoire sur ce sujet. Il eut le grand mérite d'insister sur ce fait que ces réactions existent chez tous les mammifères et les oiseaux, et ne s'y rencontrent que dans les seules surrénales; il admet qu'on retrouve la substance qui donne cette coloration dans le sang des veines capsulaires, et montre l'atténuation de la coloration à la suite de l'hibernation ou de circonstances pathologiques.

Vulpian inaugurait ainsi l'étude de la physiologie des surrénales, dont vous connaissez toute l'importance depuis la découverte de l'adrénaline.

Charcot définissait ainsi ce qu'il appelait la *manière de Vulpian* : « C'est l'exactitude absolue, l'arrangement méthodique, une sobriété extrême dans les conclusions. » Vulpian avait la hantise de l'exactitude, et un scepticisme marqué à l'égard de toutes les théories. Sa sévérité était constamment en éveil vis-à-vis de ses propres recherches; il ne lui suffisait pas de voir une fois, il voulait revoir, et ne se décidait à publier qu'après un sévère travail de contrôle : combien de fois ne l'a-t-on pas vu détruire sans pitié, à la suite d'expériences contradictoires, les conclusions qu'il avait pris le plus de peine à édifier. Il donnait là aux expérimentateurs un exemple qui est bien rarement suivi. Que de travaux hâtivement publiés! Que de théories basées sur une ou deux expériences mal conduites, et mal exécutées! La science est encombrée de ces productions sans valeur.

Cl. Bernard distingue dans la méthode expérimentale deux ordres d'opérations, l'*investigation* et la *généralisation*.

L'*investigation* réside dans la recherche des faits. L'expérimentateur doit utiliser une technique impeccable, et savoir observer. Or Vulpian possédait au plus haut point ces deux qualités. Quant à la *généralisation*, elle consiste à partir des faits observés pour établir des théories, théories basées sur des hypothèses provisoires, indéfiniment révisables. Le rigorisme scientifique de Vulpian, ce perpétuel désir de remettre sur le métier l'œuvre déjà faite, cette répulsion instinctive pour toute hypothèse hâtive, s'ils ont fait de Vulpian un expérimentateur remarquable, l'ont rendu parfois timide peut-être dans la généralisation; il se méfiait de ses hypothèses, et ne cessait de mettre en garde ses lecteurs sur la nécessité probable de leur revision. Il avait cependant l'esprit critique scientifique au plus haut point, il lisait dans une expérience comme dans un livre et telles de ses recherches, comme celles de la régénération des nerfs, sont des modèles de plan d'expériences génialement conduites.

Vulpian a merveilleusement défini le rôle de la Pathologie expérimentale. Il en fut un des grands Maîtres, et nous ne pouvons mieux faire, en terminant son éloge, que de reproduire ses paroles sur la branche de la Science qu'il illustra.

« La Pathologie expérimentale sert surtout pour les explications qu'elle fournit, et nous sommes loin de dire qu'elle explique tout. Presque toujours elle n'arrive à produire chez l'animal que des traumatismes mais point de maladies ; même dans les cas où l'imitation paraît la plus parfaite, il n'y a certainement pas identité absolue. La cause de l'impuissance de la pathologie expérimentale, c'est l'impossibilité où elle est de déterminer une affection, elle ne produit qu'une lésion.

« Mais c'est elle, et elle seule, qui peut nous éclairer sur le mécanisme de production d'un grand nombre de lésions. Elle seule nous permet de nous rendre compte des symptômes que nous observons, d'en fixer la signification et la valeur.

« La pathologie expérimentale ne peut pas suppléer à la clinique, mais elle peut la seconder puissamment dans nombre de cas, en transformer les enseignements précis en notions scientifiques claires, utiles pour la pratique et satisfaisantes pour l'esprit. »

Cette définition de la pathologie expérimentale ne constitue-t-elle pas comme le testament scientifique de Vulpian ; elle nous le montre expérimentateur enthousiaste et convaincu ; elle nous le montre aussi clinicien consommé, observateur sagace, se défiant de généralisations trop hâtives de l'animal à l'homme, et restant, tout en étant un grand savant, un grand médecin, dont notre Faculté a le juste droit de s'enorgueillir.

Discours de Mme le Dr DEJERINE, au nom des anciens élèves de Vulpian.

Mme Dejerine, présente à la cérémonie, a demandé à M. le Pr Letulle de lire son discours. M. le Pr Letulle a fait précéder cette lecture de quelques paroles dans lesquelles il a rendu hommage à la mémoire de son maître Vulpian.

Monsieur le Ministre,
Monsieur le Doyen,
Mesdames,
Messieurs,

Une voix plus autorisée que la mienne, celle du Pr Dejerine — élève de prédilection de Vulpian — aurait dû, dans cette cérémonie, s'élever pour rendre un pieux et filial hommage à la mémoire de Vulpian :

Au *Maître* inoubliable ;

VULPIAN
(Collection de Mme Dejerine.)

MASSON ET Cie, EDITEURS.

A *l'homme* courageux et fier, de haute conscience et de grand caractère, chaleureux défenseur des bonnes causes, modèle de dignité, de loyauté, et de bonté, doué d'une volonté calme, inflexible lorsque son devoir le commandait ;

Au *chercheur* infatigable, modèle de probité scientifique, qui consacra sa vie à la recherche de la vérité, sans jamais chercher à se faire un piédestal de ses découvertes ;

Au *savant* grave et réservé, d'une modestie rare, inaccessible à la flatterie, tolérant, respectueux des opinions d'autrui, qui parcourut rapidement tous les échelons de la carrière médicale et atteignit une situation non encore égalée, puisqu'il est à ce jour le seul médecin que l'Académie des Sciences investit des hautes fonctions de Secrétaire perpétuel, honneur le plus élevé que puisse ambitionner un savant.

Sa renommée imposait à tous l'admiration et le respect.

Dejerine — grâce à la recommandation du Pr Prévost de Genève, ancien interne de Vulpian, et grâce au Pr Hayem, alors interne médaille d'or et préparateur de Vulpian — obtint en 1873 et en 1879 une place d'externe dans son service, une place de travailleur, puis de préparateur, dans son laboratoire, et en 1877, une place d'interne.

Dans l'éloge de Vulpian qu'il prononça à la Société de Biologie, le 22 décembre 1888, Dejerine résumait ainsi la synthèse de son caractère :

« Dédaigneux du faste et de la réclame, d'une modestie extrême, d'un abord simple et facile, Vulpian réalisait le type du véritable savant. Pour ses élèves, il était d'une affection et d'un dévouement sans bornes, leur prodiguait ses conseils et ses encouragements. Personne plus que moi, qui ai eu l'honneur de travailler sous sa direction pendant quinze ans, n'a été à même de le constater. Il possédait toutes les qualités qui font le chef d'école, mais laissait toute leur indépendance d'idées à ceux qui travaillaient chez lui. On pouvait discuter avec lui, le contredire même, sans crainte de lui déplaire. C'était un libéral, en science comme dans les autres domaines. »

Une lettre écrite par Vulpian, le 21 septembre 1884, de Trouville-sur-Mer, à Dejerine, Médecin des Hôpitaux et candidat à l'Agrégation, montre sur le vif quel intérêt il portait à ses élèves, les fermes idées qu il savait leur inculquer :

« Vous ne pouviez me faire un plus grand plaisir qu'en m'annonçant le succès de vos Cliniques. Je n'ai jamais douté, d'ailleurs, de votre réussite, connaissant vos aptitudes, votre esprit de recherches, et la fermeté de votre jugement. Que vous importe la jalousie et l'envie ! Je vous ai toujours dit que ce sont des considérations dont on ne doit tenir aucun compte. Soyez certain que votre succès vous servira, loin de vous nuire. LAISSEZ JAPPER LES IMPUISSANTS : NE VOUS RETOURNEZ PAS ; — MAIS MARCHEZ DEVANT VOUS D'UN PAS ASSURÉ, SANS AUTRE PRÉOCCUPATION QUE

CELLE DE FAIRE DES RECHERCHES SÉRIEUSES, SANS MORGUE NI VANITÉ, SANS DÉSIR DE PLAIRE A TEL OU TEL DE VOS FUTURS JUGES. C'EST AINSI ET NON AUTREMENT QU'IL FAUT ARRIVER. »

De plus autorisés ont dit ce soir, ou célébreront à l'Académie de Médecine, l'érudition et la science consommée de Vulpian, son esprit encyclopédique, sa forte discipline, son génie d'organisation, son endurance au travail extraordinaire, la clarté de son esprit, l'élégance de son style.

Les anciens internes diront ce que fut le maître pour ses élèves d'élite, l'amour de la science et des recherches originales qu'il sut leur inculquer.

Avec sa grande finesse d'esprit et son bon sens clairvoyant, Vulpian savait rapidement apprécier ses élèves pendant, comme avant, et après la période particulièrement brillante de la Charité, où toutes les places étaient prises par des internes médaille d'or — Raymond, Hutinel, Cuffer, Letulle, Mercklen — et où seuls Dejerine et Leloir, le futur professeur de Dermatologie de Lille, purent avoir une place d'interne, l'un en 3e, l'autre en 4e année.

Habitué à ne jamais se payer de mots, c'est avec une rigueur impitoyable qu'il renversait les théories bâties à la hâte, plus brillantes que solides. Il exigeait des faits bien étudiés, rigoureusement observés, n'admettait aucun compromis, aucun « coup de pouce » pour faire cadrer un fait avec une théorie si brillante fût-elle, ou quelque haute que fût la situation de son promoteur.

Comme l'a dit Bertrand, son cosecrétaire perpétuel pour les sciences mathématiques à l'Académie des sciences : « Vulpian avait deux qualités rarement réunies, l'amour du bien et la haine du mal. Protecteur empressé de tous les efforts, heureux de tous les succès, fier de toutes les gloires, sa parole honnête et ferme savait combattre l'erreur, signaler l'exagération et flétrir la mauvaise foi. »

M. le Doyen Roger, en insistant si aimablement pour que je prenne, ce soir, la parole, a-t-il deviné qu'à côté du culte pieux que M. Dejerine et moi avons voué à la mémoire du Maître vénéré, j'avais, personnellement, contracté une dette de reconnaissance envers Vulpian, dette dont je voudrais m'acquitter ? Mais trouverai-je les mots pour exprimer l'infinie gratitude si profondément ancrée dans mon cœur, pour montrer ce que fut Vulpian, non pas pour une élève d'élite, mais pour une simple et assidue auditrice de son cours, pour une des externes de ses dernières années de service hospitalier ?

Dans la multiplicité des souvenirs que je pourrais évoquer, il en est *trois* qui, plus que les autres, s'emparent de mon esprit.

Le *premier* remonte à l'époque des démarches faites pour prendre ma première inscription à la Faculté de Médecine de Paris. Vulpian était alors doyen. Le secrétaire m'informe que M. le doyen désire me voir et me prie de passer à son cabinet. Je suis reçue aussitôt et me trouve en face du doyen, à la belle tête d'Hippocrate, au regard profond et doux, à la voix chaude et prenante, homme d'une affabilité, d'une courtoisie et d'une bienveillance extrêmes, mais qui, d'emblée, ne me cache pas être, en principe, un adversaire des femmes-médecins.

« Evidemment, me dit-il, au Ministère, dans les Chambres, il y a tout un parti politique, Jules Ferry, Spuller, Gambetta, Paul Bert et d'autres favorables au mouvement d'émancipation de la femme et qui veulent que les portes de l'enseignement supérieur leur soient largement ouvertes. JE NE SUIS PAS DE CET AVIS. Quand je songe — et un tremblement passa dans sa voix — à ma mère restée veuve jeune, à tout ce que sa tendresse vigilante a fait pour moi et pour mes frères, je dis que le rôle de la femme est de se créer un foyer, de se consacrer à son mari, à ses enfants ; — et, si elle reste seule, de diriger ses enfants dans la vie. »

« — Ma mère aussi, répondis-je, est seule ; elle a six enfants à élever. Elle tient absolument à ce que ses cinq filles sachent se tirer d'affaire dans la vie. Ma sœur aînée est inscrite dans un des ateliers de peinture de Julian. Ma sœur plus jeune est attirée par les sciences mathématiques. Depuis ma plus tendre enfance — grâce, je pense, aux incitations de notre cher médecin de famille — on me destinait à la médecine sans jamais aller jusqu'à espérer voir les portes des Facultés de médecine s'ouvrir aux femmes. A Londres, les femmes ne sont admises à faire leurs études que dans un tout petit hôpital, exclusivement consacré aux malades femmes ; à Zurich, ma mère a craint, pour moi, le milieu des femmes nihilistes russes. Aussi, dès qu'elle a su que la Faculté de médecine de Paris était ouverte aux femmes, s'est-elle décidée à venir en France pour me faire entreprendre de sérieuses études de médecine... Ce sont les sciences naturelles, la chimie, les travaux de laboratoire qui m'attirent.

« — En ce cas, me dit le doyen, pourquoi ne pas vous inscrire à l'école de Pharmacie, à la Sorbonne, ou à la Faculté des sciences ? »

« — Nulle femme n'est inscrite dans ces Facultés, tandis que la voie est toute tracée à la Faculté de médecine. Mes conseils pensent, d'autre part, qu'un diplôme de docteur en médecine me rendra, dans la vie, de meilleurs services qu'un diplôme de doctorat en chimie ou en pharmacie.

« — Mais, mademoiselle, vous êtes-vous rendu compte de la longueur et de l'aridité des études ? Connaissez-vous le milieu de la Faculté de médecine ? Les allures indépendantes de cette jeunesse médicale jalouse de ses libertés, ardente, turbulente, parfois véhémente et violente, malaisée à conduire, difficile à régenter ? Je vous en parle en doyen, fit-il en souriant... Vous allez être ONZE femmes inscrites à la Faculté et réparties sur les six années d'études. Ce sont pour la plupart des femmes de 30, 40, 45 ans. Et vous, vous êtes toute jeune !!! ... »

« En tout cas, sachez que des places vous sont réservées dans l'hémicycle. En ma qualité de doyen, je vous demande d'attendre, dans le vestiaire des professeurs, soyez-y avant l'heure du cours et suivez immédiatement le professeur, sans jamais entrer seule dans l'amphithéâtre. »

Que nous sommes, aujourd'hui, loin de ces temps-là !

A partir de ma 3e année de Médecine, je suivais tous les ans l'admirable cours de physiologie pathologique et expérimentale fait par Vulpian : trois leçons par semaine, dont deux théoriques, au grand amphithéâtre et une leçon de démonstration, dans les locaux de la rue Hautefeuille, au-dessous du laboratoire de Vulpian.

Vulpian adorait l'enseignement. Professeur lucide, concis, profond, il parlait facilement, élégamment, et possédait, au plus haut degré, le don de captiver son auditoire, quel que fût l'objet du cours. N'abordant jamais que des sujets longuement étudiés, n'affirmant aucun fait sans l'avoir contrôlé de la façon la plus rigoureuse, il émerveillait son auditoire par la pénétration de ses vues, par l'équité de ses jugements, par son esprit de suite, par l'ingéniosité de son expérimentation et la juste sévérité de ses critiques.

Il insistait dans son cours :

Sur la dégénération et la régénération des nerfs sectionnés ;

Sur le mode d'activité des nerfs de fonction différente : sur l'action du spinal et du pneumogastrique ;

Sur la fonction vaso-dilatatrice de la corde du tympan et du glosso-pharyngien sur la glande sous-maxillaire et les vaisseaux de la langue;

Sur l'origine des nerfs sécréteurs des glandes salivaires dans le glosso-pharygien (rameau de Jacobson);

Sur les fonctions vaso-constrictives du grand hypoglosse et du lingual ;

Sur les fonctions des différentes parties de la moelle, — faisceaux blancs et substance grise, — le rôle trophique de la cellule antérieure dont, le premier, avec son interne Prévost, il avait montré en 1865 la lésion dans la paralysie infantile ; l'atrophie de la substance grise de la moelle à la suite d'amputation de membre ou de section des nerfs d'un membre ; le rôle de l'appareil vaso-moteur et du trophisme médullaire dans la production de l'œdème, des escarres, de l'atrophie des os, et dans les arthropathies par lésion nerveuse ;

Sur l'influence des nerfs vaso-moteurs et sécréteurs sur les différents viscères, le rôle de ces nerfs dans la production de la diarrhée diffuse et des hématuries observées dans les traumatismes médullaires ;

Sur les origines radiculaires des nerfs sudoripares ;

Sur la production expérimentale de ramollissements cérébraux et médullaires par l'injection, dans les vaisseaux, d'eau contenant des spores de lycopodes ou des graines de tabac ;

Sur l'hémisection expérimentale de la moelle et les caractères physio-pathologiques du syndrome décrit par Brown-Séquard en 1849 ;

Sur l'action physiologique des substances toxiques et médicamenteuses ; la différence d'action du curare, de la strychnine et du chloral, le premier agissant autour de la plaque motrice, les autres exaltant ou diminuant le pouvoir réflexe de la moelle ; sur l'antagonisme pharmacodynamique de l'atropine et du jaborandi (1) ;

Sur les deux points d'élection de la toux : le point supérieur ou glottique à l'union de la glotte ligamenteuse et de la glotte membraneuse ; le point inférieur ou *point de Vulpian* sur l'éperon des grosses bronches à la bifurcation de la trachée.

Plus tard, lorsque j'eus l'insigne honneur de travailler dans son laboratoire, j'ai pu compter, et avec quelle stupéfaction profonde ! la somme de travail et le temps que Vulpian consacrait à la préparation de chacune de ses leçons. Non seulement il parfaisait, d'avance, au laboratoire, les expériences qui devaient être montrées en public, mais il accumulait, pour chaque leçon, une documentation considérable ; comme notes, à son cours, il n'avait en mains que les deux faces d'un carton des dimensions d'une carte de visite.

Ses leçons de démonstration étaient particulièrement instructives.

Après la séance, il consentait à recommencer une démonstration, à refaire une expérience et même, très souvent, à revenir sur des expériences antérieures, lorsque le sujet s'y prêtait.

Tout, pour Vulpian, était sujet d'instruction ou même, pourrait-on dire, d'amusement. Je me souviens d'une leçon sur les localisations motrices du gyrus sigmoïde chez le chien, particulièrement brillante par la précision des résultats démontrés.

Après la leçon, alors que les retardataires, qui ne pouvaient s'arracher du cours, espérant glaner encore quelques bribes de science, rôdaient autour des tables de démonstration, un court conciliabule a lieu entre Vulpian et son préparateur Bochefontaine, et, tout à coup, la voix claire du maître s'écrie : *Il faut montrer cela aux élèves* ! M. Bochefontaine, armé des électrodes de son appareil de Dubois-Reymond, les pose sur les différentes régions temporales, pariétales, occipitales du cerveau mis à nu à chaque contact répond un soubresaut de la patte de l'animal, tantôt croisé, tantôt homolatéral, ou bien, avec une augmentation de l'intensité du courant, une contraction de plusieurs pattes.

Ces faits venaient tellement à l'encontre de tout ce que Vulpian avait si remarquablement exposé pendant la leçon que, bouche bée, notre profond étonnement demandait une explication. Vulpian, avec un éclair de malice dans ses beaux yeux et un sourire d'une bonne grâce infinie sur les lèvres, nous dit, en soulevant le cerveau sectionné au niveau des pédoncules cérébraux : « L'animal est mort ; il s'agit d'une question de diffusion du courant. »

Aux leçons de démonstration assistaient très fréquemment Brown-Séquard, toujours enthousiaste et passionné, et si encourageant pour les jeunes ; Clin, qui assurait la pureté des produits pharmaceutiques et toxi-

(1) Voy. aussi Prof. POUCHET. *Eloge de Vulpian*. Leçon de réouverture du cours de pharmacologie. *Presse médicale*, n° 101 du 9 déc. 1912.

ques expérimentés par Vulpian. Pasteur vint, un jour, y faire une leçon sur les infections et les vaccins. A propos de la vaccination antirabique, qui bouleversait et rénovait la thérapeutique médicale d'alors, je me souviens, avec une émotion profonde, de l'indignation de Vulpian contre les attaques injustifiées et inqualifiables de Peter, de sa sainte colère au retour de la séance de l'Académie de médecine, où Vulpian venait de crier à l'orateur : « Vous commettez là, Monsieur Peter, une mauvaise action. »

Puis arrivèrent les journées d'angoisse et de deuil. Au printemps de 1887, Vulpian étudiait à fond les broncho-pneumonies infectieuses, dans ces locaux malsains du laboratoire de la rue Hautefeuille, en attendant que les locaux de la nouvelle Ecole pratique fussent prêts. Bochefontaine, son préparateur, tomba malade le premier ; puis, ce fut le tour de Dejerine, qui était à peine parti en convalescence, lorsque Vulpian, atteint le troisième, succomba, en quelques jours, le 18 mai 1887, à peine âgé de 60 ans.

Le *second* de mes souvenirs se place à la fin des vacances de 1882. J'étais stagiaire dans le service du Pr Hardy à la Clinique médicale de la Charité. Landouzy y faisait le cours de vacances et assurait, en outre, le service du Pr Peter, dans les anciennes salles de Vulpian. Une affection intercurrente y cause la mort d'une jeune hystérique atteinte de contractures généralisées et permanentes et que Vulpian avait suivie pendant de longues années. Landouzy me charge de pratiquer l'autopsie et d'apporter les pièces au Maître. « COMMENT ! CE SONT LES PIÈCES DE CLORINDE » — (tel était le nom de la malade) — s'écrie Vulpian, il les examine longuement, avec le plus grand intérêt, puis me jetant un regard : « Il faudra étudier ce cas et le publier ; on vous fera une place au laboratoire. »

« — Mais, Monsieur le Professeur, c'est à vous que M. Landouzy envoie les pièces, sachant tout l'intérêt que vous portiez à cette malade.

« — Non, c'est vous qui publierez le cas.

« — Mais je n'ai vu la malade que peu de temps, et surtout, pendant la période terminale ; aucune autopsie de contractures permanentes chez une hystérique n'a encore été publiée. Le cas prendra une tout autre importance paraissant sous votre nom que si une novice comme moi s'en charge. Du reste, je ne saurai jamais comment m'y prendre.

« — Bon, vous apprendrez. Faites l'examen histologique des pièces, je vous donnerai l'observation clinique ; vous la résumerez, car elle est longue ; vous me soumettrez vos coupes, vos dissociations, votre travail et nous verrons. »

Le travail terminé, je lui remis le tout en tremblant ; il me le rendit, *dans la huitaine*, avec une feuille couverte, sur les deux pages, de son écriture nette, claire, régulière. Il avait tout lu, tout annoté, page par page, et il m'indiquait ce qu'il fallait ajouter à l'observation, les réflexions qu'il ne fallait pas oublier.

Je me demande quel maître, pour une observation importante, aurait fait preuve d'une générosité semblable. Encore s'il s'était agi d'un de ses internes. Mais c'était une stagiaire, et même pas de son service, qui était en cause, une jeune fille étrangère, simple auditrice de ses cours, et Vulpian, par principe, était adversaire de la femme-médecin !

La feuille manuscrite, je l'ai conservée : c'est la plus précieuse de mes reliques.

En 1884, puis en 1885, Vulpian voulut bien m'accorder une place d'externe dans son service, à l'Hôtel-Dieu. C'était un service de médecine générale avec, dans le fond de la salle, quelques malades nerveux alités que Vulpian suivait depuis de longues années. Il groupait une fois par semaine, dans le salon de la salle Saint-Denis, toute une série de malades nerveux externes, ambulants qui venaient se faire traiter dans le service et qui constituaient pour l'instruction des élèves une admirable policlinique nerveuse.

Homme de progrès, animateur d'une singulière puissance, il nous faisait, chaque jour, profiter de ses propres travaux, de ses découvertes, de son érudition, suscitant des discussions, revenant sans cesse sur l'importance de l'union intime de la Clinique avec la physiologie, l'expérimentation et l'anatomie pathologique.

Clinicien fin et avisé, il insistait : dans les lésions de la moelle dorsale supérieure, sur les troubles sympathiques observés dans les membres supérieurs, troubles sudoraux, vaso-moteurs, sensations paresthésiques à caractères spéciaux ;

Sur la trépidation épileptoïde qu'il avait décrite en 1862 avec Charcot ;

Sur l'extension permanente du gros orteil de certains paraplégiques et hémiplégiques contracturés.

Il faisait le diagnostic de la nature échinococcique d'une tumeur cérébrale en se basant sur la sensation de ballottement éprouvée par le malade — diagnostic confirmé par l'autopsie.

Il admettait que les troubles de la sensibilité suffisent à eux seuls pour produire l'ataxie motrice et que celle-ci relevait de la lésion tabétique des racines postérieures et non pas de celle des cordons postérieurs.

Il insistait sur la déviation de la tête et des yeux dans les cas d'hémiplégie, sur la sclérose en plaques dont il avait donné la première description exacte, la division des myélites en aiguës et toxiques, diffuses et systématiques.

Ses leçons sur les *vaso-moteurs*, ses *Cliniques de la Charité*, son admirable article sur la *Physiologie de la moelle épinière* (dans le Dictionnaire de Dechambre) étaient, avec l'*Electrisation localisée* et la *Physiologie des mouvements* de Duchenne de Boulogne, nos livres de chevet.

Médecin perspicace et dévoué, il abordait le malade avec sollicitude, respect et bonté, toujours prêt à changer le mode d'administration d'un médicament suivant les convenances du malade.

Aucune familiarité, aucune camaraderie avec les élèves — c'était le Maître — toujours grave, mais combien juste, aimable et paternel. Il s'intéressait à tous, indiquait des sujets d'étude, prodiguait ses encouragements ; mais il gardait toujours, même dans les luttes des concours dont il était juge, une équité absolue, une intégrité proverbiale.

Chaque année, lors de l'ouverture du registre pour l'attribution des bourses, à la Faculté, il disait aux externes, aux stagiaires, aux élèves qui suivaient le service, et leur répétait avant la fermeture des registres : « Si vous connaissez des camarades dans des circonstances financières difficiles, n'hésitez pas à les inciter à se faire inscrire pour l'obtention d'une bourse », et il ajoutait : « *J'ai été boursier, et je sais quel soulagement, quelle quiétude cela a été pour ma mère que de savoir mes études assurées.* »

Au cours des années, l'opinion de Vulpian sur les femmes-médecins ne s'était pas modifiée. Aussi, ne lui avais-je pas demandé de signer nos pétitions pour être admises aux concours de l'Externat, puis de l'Internat des Hôpitaux de Paris. En 1885, le concours de l'Internat s'ouvrit, pour la première fois, aux femmes, j'étais précisément externe chez Vulpian. Le Maître me fit prévenir par son interne, M. Brunon, aujourd'hui directeur honoraire de l'Ecole de médecine de Rouen, *qu'il ne m'avait pas recommandée avec les autres externes du service.* Devant la forte note que j'eus, à l'écrit, il crut ma nomination assurée. Un des juges du concours, traduisant l'opinion générale de ses collègues, me confia : « Si votre oral vaut votre écrit, on vous nommera première, sinon on vous coulera. » Un autre : « Nous recevons des lettres d'injures, au sujet de votre note d'écrit : un mot de Vulpian pour nous couvrir, et vous êtes nommée. » J'avais pour le grand chef trop de respect et de vénération pour solliciter une recommandation ; je n'aurais même pas voulu que ces bruits arrivassent à ses oreilles. Je fus nommée deuxième interne provisoire. Au concours suivant, Vulpian, spontanément, sans que je lui eusse rien dit, me recommanda. Cette fois, je fus interne titulaire.

Un souvenir encore pour terminer et non le moindre, sinon le plus précieux. En traversant, à la fin d'une journée de printemps, le jardin du Luxembourg, je rencontre, tout près de la sortie sur la rue Soufflot Vulpian en conversation très gaie et très animée, sa belle tête penchée sur un jeune collégien. Le lendemain, au laboratoire, il me dit : « Vous m'avez rencontré hier avec mon fils ; je vais, tous les jours, le prendre à Stanislas ; nous traversons le Luxembourg et je cherche à le développer, C'EST LE MEILLEUR MOMENT DE MA JOURNÉE. »

« Doucement il cherchait à imprimer dans l'esprit de son fils », comme l'a dit Jean Camus (1), « les principes qui avaient dirigé sa propre vie. L'idée du devoir, l'amour du travail, la recherche de la vérité, et aussi la résignation dans la souffrance ». Il lui parlait sans doute, de son adoration pour sa mère dont le souvenir était toujours présent à son esprit.

(1) JEAN CAMUS. **Vulpian.** *Paris médical*, 4 nov. 1913.

N'est-ce pas à elle qu'il pensait lorsqu'il écrivait, à Dejerine, le 18 octobre 1885 :

« Ayant passé moi-même par de nombreuses et terribles épreuves, je sais ce qu'est une cruelle séparation comme celle qui vient de vous frapper et je prends bien part à votre chagrin. Vous venez de perdre l'affection la plus pure, la plus vive, la plus exclusive, et jamais plus vous n'en retrouverez une semblable. Hélas ! la vie offre de bien douloureux moments ! Le travail seul, le travail acharné pourra vous faire une sorte de diversion. »

Certes, Vulpian fut grand parmi les plus grands.

Charcot, l'ami de ses dures années de jeunesse et d'internat — Charcot qui devait à Vulpian sa nomination à la Faculté et à l'Institut — le dépeint magnifiquement dans son discours sur la tombe de Vulpian, en disant que « dans les nombreuses et ardentes compétitions où ils se sont trouvés mêlés tous les deux, Vulpian s'est toujours montré *l'émule loyal, généreux, chevaleresque* ».

... Et, plus loin, à propos de la nomination de Vulpian à la chaire d'Anatomie Pathologique, en 1867, par suite du décès de J. Cruveilhier, et, de la nécessité d'instaurer, à la Faculté, un enseignement d'anatomie pathologique microscopique, Charcot ajoute :

« Vulpian, SEUL, parmi les agrégés en Médecine du temps, était — CELA EST INCONTESTABLE — suffisamment préparé par ses études antérieures pour accepter la responsabilité d'une si lourde tâche. Il réussit pleinement à opérer une réforme urgente et dont l'accomplissement est certainement un de ses plus beaux titres à la reconnaissance de notre pays. Désormais, grâce à lui, nous étions à la Faculté de médecine de Paris, en possession d'un enseignement véritablement à la hauteur des nécessités de l'époque et capable de lutter contre la concurrence étrangère, voire même de la dominer. »

De 1861 à 1869, Vulpian fut avec Charcot le fondateur de cette admirable école de la Salpêtrière, berceau et gloire de la Neurologie française. Et — sans rien enlever au mérite de Charcot — on conçoit aisément combien fut solide et féconde la part personnelle de Vulpian dans cette collaboration de deux esprits géniaux, lorsqu'on songe à sa culture illimitée, à son autorité comme histologiste, comme anatomo-pathologiste, comme physiologiste-expérimentateur et comme clinicien.

Vulpian fut le prototype du physiologiste-médecin, vrai Français de race et de sentiment.

Si son fils a eu toute sa tendre affection, nous, ses élèves, avons assisté à ses luttes et à ses triomphes, connu son labeur acharné, reçu son empreinte et son affection. Je puis affirmer en ce qui nous concerne, M. Dejerine et moi, que jamais aucun travail ne fut mis sur le chantier, aucune épreuve envoyée à l'imprimerie sans que la mémoire du Maître ne fût évoquée et sans nous être demandé : le Patron serait-il content ? Les recherches sont-elles assez rigoureuses et poussées assez loin, les conclusions assez sobres ?

S'il fut un incomparable chef d'école, il fut aussi l'homme du devoir, au cœur aimant et si humain. En 1876, dans cet amphithéâtre même, le jour où, à son cours, on lui fit une splendide ovation, à l'occasion de sa nomination à l'Institut, il prononça ces paroles mémorables :

« Ce titre est le couronnement de ma carrière scientifique et si je suis fier de le posséder, c'est qu'il répond au but que je me suis toujours proposé : être placé le plus haut possible, AFIN DE POUVOIR FAIRE LE PLUS DE BIEN POSSIBLE. »

Discours de M. le sénateur FANO, au nom des délégués étrangers.

EXCELLENCE, MESDAMES, MESSIEURS
ET TRÈS HONORÉS COLLÈGUES,

Au nom de tous les délégués étrangers ici présents et en particulier au nom de l'Académie des Lincei et des Universités Italiennes, j'ai l'honneur de manifester notre admiration pour la mémoire de Vulpian, un des grands exemples de la glorieuse Biologie française, qui a laissé une trace profonde de son activité dans des nombreux chapitres de la physiologie et de la pathologie.

C'est son œuvre qui a inspiré plusieurs investigateurs sur le choix des sujets expérimentaux et de leur méthode technique simple appropriée et efficace.

Savant et Maître d'une bonté d'apôtre, il a laissé, parmi tous ceux qui ont eu le bonheur de le connaître, le souvenir d'une personnalité supérieure aussi bien moralement qu'intellectuellement.

A la mémoire de Vulpian, nous tous, délégués étrangers, nous nous inclinons avec révérence et dévotion.

ADRESSES DÉPOSÉES PAR LES DÉLÉGUÉS ÉTRANGERS

Académie Royale de Médecine de Belgique.

Les compagnies savantes françaises ont eu l'heureuse idée d'associer la célébration du centenaire de la naissance de Vulpian à celle du centenaire de la mort de Pinel.

Vulpian fut, à la fois, un éminent physiologiste et l'un des médecins les plus illustres de son époque. C'est surtout dans le domaine du système nerveux que Vulpian a fait ses recherches les plus importantes. Il s'est plus particulièrement occupé des voies de conduction dans l'axe cérébro-spinal, des nerfs vaso-moteurs, des nerfs sécréteurs, de la dégénérescence et de la régénération des nerfs, des mouvements de rotation par lésion des pédoncules cérébelleux. Partant, il a projeté une lumière nouvelle.

Vulpian s'est aussi beaucoup préoccupé de l'étude expérimentale de nombre de substances employées en thérapeutique. Bornons-nous à rappeler ses études sur le curare, le chloral, l'atropine, la picrotoxine, la brucine, le jaborandi. En ce domaine, il fut réellement un précurseur dont les idées furent souvent en avance considérable sur celles de ses contemporains.

Les observations cliniques et les recherches expérimentales de Vulpian se trouvent exposées dans plus de 200 communications et mémoires, dont beaucoup ont paru, soit dans les comptes rendus de la Société de Biologie, soit dans les bulletins de l'Académie de médecine. Vulpian a donné des exposés plus synthétiques dans les leçons qu'il a publiées sur les sucs digestifs, sur la physiologie générale et comparée du système nerveux, sur les ictères, sur la pathologie expérimentale des concrétions sanguines, etc. On lit encore avec grand profit à l'heure actuelle ces ouvrages, reflets de l'enseignement si original du Maître, trop tôt enlevé à la science française.

L'Académie Royale de Médecine de Belgique s'associe de tout cœur aux hommages si mérités rendus de toutes parts à la mémoire de Vulpian, l'illustre savant qu'elle s'honora de compter parmi ses membres honoraires de 1879 à 1887.

Le 28 mai 1927.

***

Société de Médecine de Copenhague.

La Société de Médecine de Copenhague transmet à la Faculté de Médecine de Paris l'expression de sa haute considération, de son admiration et de sa reconnaissance pour les œuvres de l'inoubliable neurologue et physiologue Alfred Vulpian.

Prof. Viggo Christiansen.
Président.

***

Faculté de Médecine de l'Université de Tartu.
Société neurologique esthonienne.
Au Président et aux membres du Comité organisateur pour la commémoration du Centenaire de la naissance de Vulpian.

J'apporte à la mémoire de Vulpian l'hommage de la Faculté de médecine de l'Université de Tartu et de la Société neurologique esthonienne. La France doit à l'œuvre de ce grand savant de n'être étrangère nulle part. Voué au service des hommes, Vulpian appartient au monde entier comme une gloire française. Ses travaux ont eu, sur l'orientation de la neurologie et de la physiologie, l'influence décisive des découvertes.

La Faculté de médecine de l'Université de Tartu et la Société neurologique esthonienne, invitées à participer à la commémoration du Centenaire de la naissance de Vulpian, ont l'honneur de présenter l'expression de leurs hommages à la mémoire du grand savant qui a consacré sa vie à la science, au service de l'humanité et à la gloire de la France.

Paris, le 28 *mai* 1927.

PUSSEPP.
Représentant de la Faculté de médecine de l'Université de Tartu, Président de la Société neurologique esthonienne.

Le Secrétaire Général de la Société neurologique esthonienne.

***

Académie des sciences médicales et naturelles de Ferrare.

Monsieur le Président du Comité pour les honneurs à A. Vulpian à l'occasion de son Centenaire.

L'Académie des Sciences médicales et naturelles de Ferrare est très heureuse de s'associer par l'intervention de son académicien et ancien président, M. le Professeur Gaetano Boschi, aux honneurs que la science neurologique française rend à la mémoire de A. Vulpian, dans le premier Centenaire de sa naissance.

Vulpian fut un rare exemple de droiture scientifique et de profond amour pour les études neurologiques: il s'y jeta de toute son âme, avec une activité qui ne connaissait pas de loisirs, s'éloignant du monde, négligeant sa clientèle, partageant sa vie entre son service hospitalier, son laboratoire et son cabinet de travail.

Sa valeur obtint le prix le plus ambitionné : il atteignit à la plus élevée position scientifique ; c'est pourquoi nous le rappelons dignement, ami et collaborateur de Charcot, savant éducateur d'un nombreux rang d'élèves qui ont porté haut et répandu dans le monde son nom à lui avec les sciences françaises.

Son nom vivra à jamais, soit pour l'importante partie qu'il prit dans la renaissance des études d'anatomie, de physiologie, de pathologie, du système nerveux, soit pour son œuvre féconde, qui représente un tableau exact de la science de son temps : on puisera à son œuvre toujours et utilement.

Aux honneurs que la France lui rend, cette académie italienne s'unit, car des hommes tels que Lui honorent non seulement une nation, mais la science du monde entier.

Le Président.
Dott. Emilio PADOVANI.

Discours de M. FALLIÈRES
Ministre du Travail, de l'Hygiène, et de l'Assistance Sociales.

Messieurs,

Au culte d'admiration et de reconnaissance vouée à Alfred Vulpian par le corps médical tout entier, M. Albert Sarraut avait accepté d'associer l'hommage du Gouvernement de la République.

Son état de santé ne lui permettant pas d'accomplir son projet, il m'a demandé ce matin d'en assumer la tâche et de vous présenter ses regrets.

C'est donc, avant tout, ses excuses que je vous adresse, et sans doute aussi, devrai-je y joindre un peu les miennes, pour venir ainsi apporter à une grande mémoire un hommage trop peu médité.

Grande, Messieurs, la réputation de Vulpian le fut à l'égal de son œuvre. Les voix les plus compétentes et les plus justement émues viennent de caractériser le rôle prépondérant que ce savant austère, ce guérisseur acharné, joua dans la médecine expérimentale aux côtés de son ami Charcot. Laissez-moi surtout m'efforcer de mettre en lumière la valeur d'exemple que fut la vie de cet homme, attaché à sa fonction sociale, comme à une véritable mission. Nulle carrière ne fut plus brillante, mais nulle aussi n'apparaît aussi bienfaisante, plus enveloppée d'une douce lumière de modestie, de réserve, et, on pourrait presque dire, de timidité.

L'enfance de Vulpian s'écoula auprès de ses deux grand'mères et de sa mère, dans une atmosphère calme, ouatée de tendresse, mais non tout à fait résignée, puisqu'on y regrettait le temps d'autrefois, sans trop de véhémence et sans trop d'amertume, mais avec une constance un peu insistante.

Comment ne pas s'émouvoir au tableau de ces trois femmes voilées de deuil, pleurant leurs affections fauchées et leur jeunesse disparue, au chevet d'un tout petit enfant, qui promettait, en matière de consolation, de rendre un jour leur nom illustre.

C'est cependant dans l'accoutumance de cette éducation première, entreprise par les femmes, qu'il faut voir le secret de la sensibilité de Vulpian et de ces gestes, quelques-uns célèbres, d'autres plus discrets, tous inspirés par son culte de l'amitié, par son esprit de tolérance et par sa délicate bonté.

Elève au Prytanée de Ménars, il puisa dans cette vie à la campagne une constitution robuste qui ne subit au cours de sa vie que deux atteintes : la première, après la mort de sa mère qu'il avait toujours entourée d'un pieux amour, la seconde après la mort de sa femme, où la vie commença peu à peu à se retirer de lui.

A la fin de ses études, où il avait eu tous les prix de sciences et de lettres et manifesté d'exceptionnelles dispositions pour les arts, Vulpian décida, sur les conseils de sa mère, de se présenter à l'Ecole normale supérieure (section des lettres). Ce fut son premier et son seul échec. Mais combien sensible, car l'existence était dure dans le foyer sans ressources.

M. Philippeaux, préparateur de Flourens au Muséum, lui offre une place d'aide-préparateur. Inscrit comme étudiant à la Faculté de médecine, il devient successivement externe, interne des hôpitaux, professeur d'Histoire naturelle au collège Chaptal et enfin docteur en médecine avec une thèse très remarquée sur l'origine de plusieurs paires de nerfs craniens.

C'est alors que Vulpian a découvert sa vraie vocation et qu'il commence à réaliser sa prophétie d'enfant.

Nommé en 1867 Médecin des hôpitaux, il supplée Flourens dans sa chaire de physiologie comparée au Muséum ; son cours résumé dans les leçons sur la physiologie générale et comparée du système nerveux publié en 1866 lui valut d'être nommé professeur à la Faculté de médecine.

Elu, en 1869, membre de l'Académie de médecine, il est nommé doyen de la Faculté de médecine en 1875, Membre de l'Institut en 1876.

Les honneurs viennent à lui comme au plus digne sans qu'il les ait jamais sollicités. Sous son décanat, la Faculté agrandie, quatre chaires nouvelles créées, des cours auxiliaires institués, vingt laboratoires ouverts aux élèves, l'hôpital de la Clinique d'accouchement reconstruit, voilà le bilan de six années où se manifestèrent chez Alfred Vulpian les plus rares qualités administratives. Dans chacune de ces fonctions, sa conscience le dressait dès l'aube et jusqu'aux heures tardives de la nuit dans le sentiment du devoir à accomplir.

Cet homme de haute conscience professionnelle qui avait prodigué son dévouement pendant une épidémie de choléra ; qui, aux heures sanglantes de 1848 et de 1851, n'aurait point admis de se détourner de sa route pour éviter les balles, alors que, sur leur lit de souffrance, les malades attendaient impatiemment sa venue, l'influence apaisante de ses soins et sa bonté, se fit devant l'Académie de médecine l'ardent et éloquent défenseur de Pasteur, quand l'immortel savant fut si violemment attaqué devant cette assemblée pour avoir osé appliquer à l'homme la vaccination antirabique, cette découverte géniale qui allait bouleverser nos connaissances en thérapeutique.

D'autres savants ont déjà défini ou viennent de rappeler sa méthode si féconde en résultats : elle alliait avec le rare bonheur de précision les données de l'observation clinique aux enseignements de la physiologie expérimentale. M. Charcot a pu lui rendre ce témoignage : « Grâce à M. Vulpian, les travailleurs qui s'occupent des sciences médicales sont pourvus de plus grands moyens de progrès en France que dans aucun pays... »

Ces progrès, la science, depuis lors, les a multipliés. Jusqu'aujourd'hui, l'œuvre presque entière de Vulpian est demeurée classique. Elle sera complétée, elle a déjà commencé de l'être. C'est le sort des novateurs, dans tous les domaines d'être dépassés par leurs disciples. Sort qu'ils sont les premiers à souhaiter : car ils se survivent en eux ! Mais Vulpian a mérité de laisser un souvenir plus fécond encore que celui d'un merveilleux savant : le souvenir d'un grand cœur, d'un noble esprit et d'un parfait homme de bien.

VISITE DES ANCIENS SERVICES DE PINEL ET DE VULPIAN A L'HOSPICE DE LA SALPÊTRIÈRE

Le lundi 30 mai 1927, à 10 heures 30, les adhérents aux centenaires de Vulpian et de Pinel ont été reçus à la Salpêtrière, — dans l'amphithéâtre de la Clinique Charcot (Pr Guillain) où se trouve le tableau de Tony Robert Fleury représentant Pinel délivrant les aliénés de leurs fers, — par le Dr Mourier, Directeur général de l'Administration de l'Assistance publique à Paris, qui a souhaité la bienvenue aux visiteurs.

Après une allocution de M. le Dr Semelaigne, président du Comité de Centenaire de Pinel, et un exposé sur l'organisation générale de la Salpêtrière fait par M. Durand, Inspecteur Principal de l'Assistance publique, la visite a eu lieu sous la direction de M. Jordy, Directeur de la Salpêtrière, dans les cellules qui appartenaient à l'ancien service de Pinel et dans l'ancien service de Vulpian. Elle s'est terminée, sur la place qui précède la Salpêtrière, devant la statue de Pinel, au pied de laquelle des couronnes ont été déposées.

SÉANCE SOLENNELLE
DE L'ACADÉMIE DE MÉDECINE

Le mardi 31 mai 1927, à 15 heures

A l'occasion des centenaires de PINEL et de VULPIAN

SOUS LA PRÉSIDENCE DE M. HERRIOT
Ministre de l'Instruction publique et des Beaux-Arts

MM. Maurice de Fleury et Georges Dumas ont prononcé d'abord, chacun, leur discours sur Pinel, puis les discours suivants ont été prononcés :

Vulpian médecin

par M. Georges HAYEM.

MONSIEUR LE MINISTRE,
MESDAMES, MESSIEURS,

Le Comité du Centenaire de Vulpian m'a chargé de prendre la parole au nom des élèves du Maître. Je suis redevable de cet honneur à ma longévité et il se trouve que, précisément, j'ai vécu le plus longtemps qu'aucun autre à ses côtés, dans son ombre pour ainsi dire, et que j'ai reçu de sa part les marques les plus notoires de bienveillance et d'intérêt.

Médaille de Vulpian par le Professeur HAYEM.

Pour montrer quelle a pu être l'influence exercée par Vulpian sur ses élèves, — ce qui est le propre de ma mission, — le mieux me paraît être de tracer une esquisse rapide de la part qui lui revient dans l'évolution de la médecine, laissant à mon éminent collègue Gley le soin de traiter avec sa grande compétence le rôle qu'il a joué comme physiologiste expérimentateur.

Vulpian appartient tout entier à la seconde moitié du XIXe siècle. Quelle extraordinaire époque que ce siècle ! On le nomme avec raison le siècle de la science ; on pourrait dire qu'il est celui des miracles. Parmi ceux-ci, il en est qui nous touchent particulièrement.

La médecine, quoique remontant aux premiers âges de l'humanité, était restée presque purement empirique et doctrinale, lorsque, vers 1820, elle prend une nouvelle forme ; elle devient une véritable science. Ce n'est pas une amélioration, une modification profonde ; c'est une véritable création, celle d'une nouvelle branche de nos connaissances positives.

Cette ère créatrice débute avec Bichat, l'immortel auteur de l'anatomie générale, et avec les premiers travaux des anatomo-pathologistes. La médecine a commencé effectivement à devenir scientifique lorsqu'on eut établi les rapports qui existent entre les troubles des fonctions et les lésions des organes. Elle est entrée de la sorte dans une période d'études analytiques et descriptives, dans la phase dite *anatomo-clinique*, ayant pour but et pour effet de découvrir les symptômes produits par les lésions organiques et, grâce à ces symptômes, de faire inversement le diagnostic des lésions.

Le plus illustre des médecins de cette époque fut Laënnec dont on a récemment glorifié les travaux à l'occasion de son centenaire. En ajoutant à ses recherches anatomo-pathologiques, particulièrement sur les lésions de l'appareil respiratoire, l'immense découverte de l'auscultation, il fut le véritable fondateur de la méthode anatomo-clinique.

Pendant quelques années, la technique n'ayant pas progressé d'une manière sensible, on se borna à étendre et à perfectionner les acquisitions dues à Laënnec. C'est ainsi que, grâce surtout à Bouillaud, fut parachevée l'étude de l'auscultation du cœur.

Cette limitation de la technique était telle, qu'à l'époque où j'ai commencé mes études, — il n'y a pas moins de soixante-cinq ans, — nous avions uniquement comme moyens d'examen des malades, le stéthoscope et le thermomètre et, encore, celui-ci était-il utilisé d'une manière plutôt occasionnelle que méthodique. On faisait aussi — mais également sans règle — l'examen des urines, examen partiel purement qualitatif, ne portant guère que sur la recherche de l'albumine et du sucre.

Il restait à étudier un grand nombre de manifestations morbides et notamment celles qui relèvent des maladies du système nerveux et des lésions des muscles. On connaissait depuis longtemps, plus ou moins exactement, les grandes névroses : l'hystérie, l'épilepsie, la folie. Les maladies organiques des centres étaient restées obscures, mal précisées.

Il fallait attendre, pour en pénétrer la constitution anatomo-clinique, — je ne dis pas la nature, — l'acquisition, d'une part, de nouveaux moyens d'exploration ; de l'autre, des données exactes sur l'anatomie pathologique fine se pratiquant à l'aide du microscope. A l'époque dont je parle, — qui, en somme, n'est pas si éloignée, — tout cela faisait défaut. Vous voyez combien elle est encore jeune, la médecine scientifique

Vers le milieu du siècle, pendant que médecins et élèves devisaient sur les finesses de l'auscultation, on voyait arriver, de temps à autre, dans les services des hôpitaux, un petit homme transportant avec lui une machine bizarre, faisant du bruit. Il demandait timidement la permission d'examiner un ou deux malades de son choix et, l'ayant obtenue, il s'installait avec sa machine, qui n'était autre qu'un appareil faradique de sa fabrication, et il interrogeait avec patience les nerfs et les muscles de ses malades. Il découvrait ainsi nombre de faits nouveaux du plus haut intérêt. Ce petit homme, qui n'avait pas de service d'hôpital, qui devait obligatoirement se passer du contrôle des autopsies, était un grand médecin, car il a doté la science d'un nouveau procédé d'étude projetant une vive lumière sur quantité de signes cliniques jusqu'alors inaperçus ou incomplètement connus. C'était Duchenne (de Boulogne) que l'on doit considérer, avec J. Cruveilhier, qui eut le mérite de décrire le premier, d'une manière remarquablement exacte, la forme médullaire de l'atrophie musculaire progressive, comme l'initiateur en France de la neurologie moderne.

Duchenne ne pouvait apporter que les faits révélés par son procédé d'examen. Pour faire progresser ces études, il fallait des cliniciens capables d'examiner les organes à l'aide du microscope dont l'usage en médecine était tout à fait récent et réservé encore jusqu'en 1860-65 à un nombre des plus restreints d'initiés.

Ce travail devait être exécuté par l'Ecole de la Salpêtrière.

C'est à Vulpian et à Charcot que revient l'honneur d'avoir édifié d'une façon solide et scientifique les bases de la pathologie neuro-musculaire.

Tous deux médecins de la Salpêtrière, associés dans une pensée commune, visant un but défini vers lequel tendaient d'incessants efforts, ils parvinrent à élever, pièce à pièce, un monument qui devait illustrer leur nom et, en même temps, faire le plus grand honneur à la science française.

Je ne puis porter un jugement sur le rôle respectif de ces éminents médecins dans cette œuvre commune. Qu'il me suffise de remarquer que Vulpian était déjà, à l'époque de cette collaboration, un physiologiste expérimenté dont les travaux réputés consistaient surtout en recherches sur la physiologie des nerfs d'origine encéphalique.

En raison de ce passé, qui bientôt va vous être exposé, il est permis de croire que la part personnelle de Vulpian a été particulièrement solide et féconde.

En collaboration avec Charcot, il entreprit l'étude clinique et anatomo-pathologique encore à peine ébauchée de l'ataxie locomotrice progressive ; il établit avec précision le rapport existant entre les lésions des cornes antérieures de la substance grise de la moelle épinière et les troubles trophiques périphériques, notamment les atrophies des muscles ; il fit paraître peu après le premier travail français sur la paralysie agitante.

A cette même collaboration, on doit encore des études sur le mode de production des hémorragies méningées et divers mémoires et notes sur le ramollissement cérébral, sur les maladies du cervelet, sur les dégénérescences secondaires de la moelle épinière.

Pour terminer cette énumération des principaux travaux de l'école de la Salpêtrière, je dirai encore qu'avec son interne Prévost, le seul survivant de mes camarades d'internat, qui devint plus tard professeur à la Faculté de Genève, Vulpian publia la première observation d'atrophie musculaire de l'enfance, complétée par l'autopsie et par l'examen histologique de la moelle épinière. La lésion des cornes antérieures de substance grise, mise en lumière dans ce cas, a permis de faire entrer, dès cette époque, cette maladie dans le cadre des maladies de la moelle et cette notion est devenue classique.

Parmi les travaux que Vulpian a publiés, sans collaborateur, il convient de mentionner une étude sur la sclérose en plaques, plusieurs notes sur les myélites toxiques et infectieuses, un mémoire fort apprécié sur la paralysie *a frigore* du nerf radial, une série de travaux sur les atrophies des muscles consécutives aux lésions des nerfs.

Le grand nombre des documents qu'il a amassés dans les hôpitaux lui a permis de rédiger d'excellentes leçons cliniques faites à la Charité et un traité des maladies du système nerveux, œuvre personnelle considérable, dont le second volume a paru quelques mois seulement avant sa mort. C'est dans cet ouvrage, où l'on retrouve à chaque page des preuves éclatantes de ses qualités maîtresses, qu'il a donné sa mesure de pathologiste éminent et de physiologiste sagace et ingénieux.

Pendant que s'effectuait cette évolution non encore terminée, la médecine entrait dans une nouvelle phase caractérisée par la découverte des espèces morbides, base de la nosologie.

Il y avait longtemps qu'il était question des causes des maladies : on soupçonnait l'existence de virus, de contages, de miasmes, de matières toxiques qui paraissaient produire les fièvres, les grandes épidémies et les formes spéciales des lésions dites spécifiques.

Les agents de ces manifestations restaient inconnus. Il était indispensable, pour les mettre en lumière, d'entreprendre des recherches faites à l'aide d'une technique nouvelle. Celle-ci devait sortir du laboratoire d'un savant de génie, biologiste, mais étranger à la médecine. Tel fut le prodige accompli par Pasteur.

Tout encyclopédiste qu'était Vulpian, il devait, pour de multiples raisons, rester simple spectateur de cette évolution. Rendons-lui cette justice qu'il a été, avec Trousseau, le premier à accepter l'œuvre de Pasteur, à l'applaudir et à la défendre contre un détracteur mal avisé. Mais il y a plus.

Lorsque Pasteur, en possession de la vaccinothérapie antirabique, — appliquée uniquement jusqu'alors sur les animaux, — crut pouvoir, à l'occasion d'un cas célèbre, particulièrement grave, en faire bénéficier les humains, il fut dans l'obligation de se faire seconder par un médecin. C'est à Vulpian qu'il s'adressa et celui-ci, soutenu par sa confiance en Pasteur, en même temps que par son grand sens clinique, prit sur lui la responsabilité d'agir.

Ce fut un moment émouvant qui marque une date mémorable dans les progrès de la science française. On peut dire qu'une part de la gloire qui en résulte doit être réservée à Vulpian.

Vous savez que les découvertes pastoriennes, poursuivies dans le monde entier, ont eu et ont encore des conséquences incalculables. Elles ont pour ainsi dire transformé la chirurgie et la médecine.

L'étape *pathogénique* est donc une formidable acquisition. Elle n'est pas la dernière.

On devait se demander par quels procédés les causes morbides entrent en lutte avec l'organisme et le problème se présentait sous une forme bien particulière et complexe, puisque ces agents de maladies, disciplinés pour ainsi dire, se sont montrés entre les mains de Chauveau, de Pasteur et de leurs élèves, des moyens de prophylaxie et de traitement.

Afin de pénétrer dans le mystère de ces faits d'une surprenante nouveauté, on fit appel aux réactions chimiques intra-organiques. La science médicale entre alors dans la phase humorale. C'est un retour à d'anciennes doctrines, mais singulièrement modernisées, phase essentiellement chimique, qui bientôt se complète par l'intervention de récentes découvertes. En effet, les savants, parmi lesquels la plupart sont français, mettent en évidence des formes de l'énergie jusqu'alors inconnues : les températures parcourant une échelle d'une étonnante étendue, les rayons solaires dépassant *infra et ultra* les limites du spectre, les rayons de Roentgen traversant les tissus, les merveilleuses émanations dites radioactives, etc. Bientôt l'étape franchie devient *physico-chimique*. C'est elle qui règne actuellement dans le quart de siècle qui vient de se dérouler.

Je suis dans l'obligation de tracer cette évolution avec une rapidité se rapprochant de celle de la T. S. F. Il m'est impossible, cependant, de ne pas faire remarquer que, dans cette phase contemporaine, fixant le déterminisme des faits d'ordre biologique, les opérations de la chimie semblent être sous la dépendance des forces physiques et que celles-ci elles-mêmes sont soumises à des lois mathématiques. Ainsi interviennent les mesures les plus diverses : de longueurs d'ondes, de transports et de vitesses d'énergie, de potentiels, de rythmes, de vibrations et d'oscillations, etc., si bien qu'en définitive le Nombre nous apparaît comme le régulateur de la matière en action.

Et voici un signe caractéristique des temps nouveaux :

Un Mécène bien aiguillé prend en pitié la pénurie de nos moyens d'études et la pauvreté de nos savants ; il se hausse au niveau des Rockfeller et des Carnégie et il dote la France, avec noblesse et magnificence, d'un *Institut de Biologie* dont l'urgence était depuis longtemps évidente et dénoncée. Quels sont les savants qui y occuperont les postes les plus importants ? Des chimistes et des physiciens.

Si l'on est bien dans la note du XXe siècle, on devra y mettre à la tête un mathématicien.

Quittons les temps actuels pour revenir à l'étape anatomo-clinique dont Vulpian a été un des plus remarquables représentants. Ne croyez pas qu'il s'agisse de l'âge de bronze de la médecine.

Je vous ai dit tout à l'heure que la forme scientifique de celle-ci était encore jeune. Elle a marché, vous venez de vous en apercevoir, avec une rapidité prodigieuse. Mais les étapes qu'elle a parcourues ne se sont pas supplantées l'une l'autre ; elles se sont superposées, additionnées, de façon à enrichir progressivement le patrimoine de nos connaissances.

L'étape anatomo-clinique a été extrêmement fertile et encore, actuellement, elle se poursuit en s'affirmant par des recherches nombreuses d'une grande utilité. Celles-ci sont d'ailleurs directement à la portée des praticiens et particulièrement des médecins des hôpitaux pouvant contrôler leurs diagnostics à l'aide des autopsies.

Vulpian a formé un grand nombre d'élèves parmi lesquels beaucoup sont devenus des maîtres. Plusieurs, hélas ! ont déjà disparu. Parmi eux, nous gardons au fond du cœur le souvenir du professeur Raymond qui eut l'honneur de succéder à Charcot dans la chaire de clinique des maladies du système nerveux ; du professeur Dejerine, un des élèves préférés du Maître, qui fut nommé à cette même chaire après Raymond ; de Troisier que Vulpian avait en grande estime et qui fut un clinicien distingué. Par bonheur, nous avons encore parmi les survivants Prévost, de Genève, et nos éminents collègues de l'Académie : Letulle, Babinski et Pouchet.

Comme professeur, Vulpian faisait un enseignement d'une qualité supérieure qui ne pouvait être bien appréciée que par des auditeurs de choix.

Doué d'une instruction très étendue, d'un sens critique avisé, il préparait ses leçons consciencieusement et les débitait d'une manière simple, méthodique. Elles étaient d'une parfaite clarté et illustrées autant que possible, de démonstrations, soit de présentations de pièces anatomiques quand il s'agissait d'anatomie pathologique, soit d'expériences faites devant les élèves pendant le cours de pathologie expérimentale. Il réprouvait, comme indignes d'un enseignement médical, les leçons faites à grand renfort d'éloquence, les scènes sensationnelles, agencées de façon à attirer les profanes et, par suite, plus ou moins entachées de cabotinage.

Il était surtout agissant, tant à l'hôpital qu'au laboratoire, de sorte que, pour tirer profit de son enseignement, il suffisait presque de le prendre pour modèle.

Avec ses préparateurs et avec ses internes, il était bienveillant, presque paternel et de bon conseil. Travaillant de ses propres mains, il n'avait que des aides ; il se gardait de leur demander des travaux personnels pouvant servir à ses propres publications. Il n'était pas de ceux qui acquièrent des titres scientifiques avec le labeur d'autrui. A cet égard, il était d'une parfaite probité et prenait plaisir à faire connaître les publications de ses élèves et à en vanter les mérites.

***

Nous venons de montrer dans Vulpian le célèbre pathologiste, notre président Gley va vous faire connaître le physiologiste expérimentateur ;

mon maître resterait incomplètement dessiné si j'omettais de vous le présenter comme clinicien de premier ordre.

Avec un crâne spacieux, couronné d'une belle chevelure ondulée, une barbe bien fournie, des traits accentués, mais d'une vigueur tempérée par un regard à la fois profond et doux, Vulpian réalisait à la perfection le type hippocratique ; il joignait à un grand entendement les hautes qualités morales sans lesquelles il n'y a pas de grand médecin .

Pendant le cours de mes études, j'ai fréquenté les services des médecins des hôpitaux les plus réputés. Après plus d'un demi-siècle écoulé, je crois ne plus avoir l'état d'esprit qu'on peut supposer à un jeune élève et je dis aujourd'hui, appuyé sur une assez longue expérience, que Vulpian a été le plus remarquable clinicien de son époque.

Je vous demande, chers Collègues, dont la compétence est indiscutable, de ne pas mésestimer, — comme on a parfois tendance à le faire, — la valeur intellectuelle et morale des cliniciens. Un grand clinicien est un homme rare, tout à fait exceptionnel, devant lequel il convient de s'incliner aussi profondément que devant le plus illustre des savants.

Au nom des élèves survivants de notre Maître, j'exprime en ce jour, avec l'émotion qu'éprouve un fils à l'égard de son père spirituel, les sentiments de respect, de reconnaissance et de vénération qu'il nous a inspirés.

Vulpian physiologiste,

par M. E. Gley,

Professeur au Collège de France, Président de l'Académie de Médecine.

Il est exceptionnel qu'un écrivain ou un artiste de talent, poète ou philosophe, essayiste ou romancier, peintre, sculpteur ou musicien, ne produise pas un jour ou l'autre l'œuvre qu'il porte en lui et qui transmettra son nom d'âge en âge. Les hommes de science, ceux surtout qui étudient les sciences de la nature, sont moins assurés du succès ; les plus belles qualités intellectuelles ont beau le promettre et leur habileté technique le garantir, la promesse peut être vaine et la garantie incertaine ; il faut encore que s'offre à la recherche un sujet qui vaille que s'y appliquent et ces rares qualités et cette habileté, un de ces sujets qui méritent l'attention générale en raison de leur importance théorique ou des conséquences pratiques auxquelles conduit leur étude ; et il faut saisir ce sujet et s'y tenir. Il y a dans les sciences de la nature une foule de problèmes à résoudre, mais les uns sont d'un intérêt secondaire parce qu'ils ne posent que des questions de détail et les autres sont d'un intérêt général ; ils posent des questions de doctrine, ils ouvrent des voies nouvelles, ils mènent à de grandes et utiles applications. La solution des problèmes du premier ordre ne demande souvent pas moins de travail que la solution des autres, mais celle-ci, outre qu'elle est incomparablement plus féconde, assure à leurs auteurs une renommée plus éclatante. Comment l'homme de science choisit-il entre les recherches à entreprendre ? Avouons que son travail ne résulte pas toujours ni tout de suite d'un choix réfléchi ; ce sont souvent les circonstances et le milieu, le hasard d'une lecture, un incident de laboratoire qui déterminent une investigation. Et les grandes découvertes ne sont pas uniquement le résultat de la méditation volontaire ; il y faut d'abord le concert bien réglé et de l'imagination et de la réflexion, mais aussi du caractère ou, si l'on aime mieux, du tempérament, et il y faut encore l'heureux concours de conditions extérieures au savant, de conditions de temps et de milieu. Pour toutes ces raisons, il se rencontre des savants qui, quelque importante que soit leur œuvre, apparaissent comme supérieurs à cette œuvre ; la force et la finesse de leur esprit, leur intelligence avisée, leur raison ferme et éclairée, leur jugement droit les devaient porter plus haut et plus loin qu'ils ne sont allés. Grande leçon pour tous les chercheurs. Que leur a-t-il donc manqué ? Une imagination un peu plus vive ou plus hardie que n'arrête pas un esprit critique trop développé ? ou une pensée plus patiente ? ou simplement un labeur plus ardent et à la fois plus opiniâtre sur le même sujet ? Car, dans la recherche scientifique, comme dans la conduite des affaires publiques, il ne suffit pas d'entreprendre, il faut persévérer. Inversement, on a vu des savants qui, moins richement doués que ceux dont il vient d'être parlé, servis par une moins belle intelligence, ont laissé une œuvre plus grande ; on peut dire de ceux-ci que leur œuvre leur fut supérieure. Et de leur exemple, de la connaissance, si elle est possible, des conditions dans lesquelles ils ont mené jusqu'au bout leur travail de découverte sort aussi une leçon.

***

Parmi les médecins biologistes du XIXe siècle, Vulpian, d'après tout ce que nous savons de lui et tout ce que son œuvre révèle de la nature et des qualités de son esprit, fut, à n'en pas douter, l'un des mieux doués. Très instruit en anatomie et en anatomie comparée, il savait de l'histologie et de la physiologie tout ce que l'on en savait à son époque. Un esprit critique des plus sûrs, que l'habitude de l'observation clinique avait aiguisé, lui rendait faciles le contrôle et la judicieuse utilisation de ses connaissances, aussi bien qu'il lui donnait d'apprécier exactement la valeur de ses propres recherches comme celle des recherches des autres. C'est de cet esprit que sont si fortement marqués tant de pages de ses livres, tous ces exposés de questions controversées et ces historiques lumineux que l'on trouve dans ses *Leçons sur la physiologie du système nerveux* ou dans ses *Leçons sur l'appareil vaso-moteur*, et c'est la marque originale de ces ouvrages fameux en leur temps et qu'on lit encore aujourd'hui avec profit. Comme il était laborieux et ordonné dans son travail et, d'autre part, aussi habile expérimentateur que bon observateur, il voyait beaucoup de choses tant au laboratoire qu'à l'hôpital. Comme il avait l'intelligence claire, le raisonnement juste et une conscience droite, il mettait les faits qu'il avait trouvés à leur place, à côté ou au-dessus des faits déjà connus. Comme il avait l'esprit philosophique, il saisissait la signification générale possible des données qu'il avait recueillies et classées.

Il faut dire maintenant l'essentiel de l'œuvre accomplie par un tel homme.

On y distingue d'abord trois grands ensembles de recherches. Il se trouve, par une chance rare dans les sciences expérimentales, que la plupart des résultats de ces recherches ont été réunis par leur auteur dans trois ouvrages distincts (1), ce qui en facilite singulièrement l'étude ; celle-ci néanmoins serait incomplète si l'on ne se reportait en outre aux recueils et journaux où Vulpian a publié des travaux postérieurs à ces trois ouvrages.

I. — Le premier de ces grands ensembles concerne le système nerveux, les fonctions de la moelle surtout et des nerfs craniens.

L'exposé qu'il a présenté dans ses *Leçons sur la physiologie du système nerveux* faites au Muséum d'histoire naturelle, quand il y suppléa Flourens de 1864 à 1866, cet exposé des propriétés conductrices de la moelle, du rôle des différents faisceaux médullaires dans la conduction des impressions sensitives et des incitations motrices et du rôle de la substance grise est un modèle pour la clarté et la précision ; dans le dédale des expériences souvent contradictoires de ses prédécesseurs il démêle avec netteté les causes d'erreur, il découvre les points faibles, il discerne ce qu'il faut faire ; ces expériences décisives il les a faites et elles prennent dans son exposé la place à laquelle elles ont droit. De même la discussion des faits relatifs à l'augmentation des réflexes après que la moelle a été séparée des centres nerveux supérieurs et de l'hypothèse que le physiologiste russe Setschenow avait conçue à partir de ces faits, l'hypothèse de l'influence inhibitrice du cerveau sur la moelle, et la discussion de toutes les données concernant la transmission des excitations dans le bulbe sont des exemples de critique lucide, appuyée sur les résultats personnels d'une fine expérimentation. Huit ans plus tard, en 1876, dans le grand article *Moelle épinière (physiologie)* qu'il a écrit pour le *Dictionnaire encyclopédique des sciences médicales*, admirable monographie de 261 pages compactes, Vulpian reprenait l'étude de toutes les questions d'ordre physiologique intéressant la moelle,

(1) Je laisse de côté un quatrième ouvrage physiologique de Vulpian, qui contient les leçons de son cours de 1874 et qui fut publié en 1877 par un journal médical du temps depuis longtemps disparu, *l'Ecole de Médecine*. Outre deux leçons remarquables sur le chloral, on trouve dans ce fascicule grand in-8° de 240 pages une série de leçons sur les sucs digestifs, salive, suc gastrique, suc pancréatique, suc intestinal et bile ; Vulpian y traite aussi des ictères, du vomissement, de l'innervation motrice de l'estomac et de l'intestin et enfin des concrétions sanguines qui peuvent se former dans l'appareil circulatoire. Dans ces dernières leçons, au nombre de huit, sont rapportées beaucoup d'expériences faites avec une méthode qu'il a souvent employée pour produire des embolies, au moyen de l'injection intra-artérielle de poudres inertes, telles que la poudre de lycopode. Comme dans les autres écrits de Vulpian, on trouve ici le même talent d'exposition et une critique toujours étayée sur des expériences personnelles.

excitabilité, rôle conducteur, actions réflexes, centres intramédullaires, influence sur les fonctions organiques, etc., avec une maîtrise inégalée.

L'un des caractères de ses recherches sur le système nerveux central, c'est l'emploi qu'il y fait d'animaux autres que les Mammifères ; il est à coup sûr dans notre pays l'un des expérimentateurs qui ont le plus utilisé les ressources de la physiologie comparée, témoin ses expériences sur les racines rachidiennes chez les Oiseaux et chez les Poissons, à la suite desquelles il pouvait à bon droit écrire : « La grande loi des fonctions des racines spinales est ainsi établie pour tout l'embranchement des vertébrés » ; témoin aussi ses expériences sur le bulbe des Oiseaux, sur la moelle allongée, le cervelet et le cerveau des Poissons. J'ai entendu jadis le physiologiste allemand J. Steiner, qui avait beaucoup étudié le système nerveux central des Poissons, exprimer sa très vive admiration pour ces recherches de Vulpian. Entre autres résultats, celles-ci l'avaient conduit à cette conclusion générale dont l'importance n'est pas douteuse, à savoir que le cerveau est d'autant plus étranger au mécanisme de la locomotion que l'animal s'éloigne davantage des Vertébrés supérieurs ; un seul exemple : malgré l'extirpation sur les Poissons de tout le cerveau proprement dit, les mouvements natatoires s'exécutent avec une complète régularité.

Tout autant que le système nerveux central, Vulpian a étudié les fonctions des nerfs craniens. Sur ce sujet, il a beaucoup enrichi nos connaissances : découverte de l'action dilatatrice du glosso-pharyngien sur les vaisseaux de la base de la langue, découverte de l'action excito-sécrétoire du même nerf sur la glande de Nuck et sur les glandules labiales, découverte de l'action dilatatrice de la corde du tympan sur les vaisseaux de la partie antérieure de la langue, détermination des origines des 6e et 7e paires et des nerfs de l'œil, étude des fonctions du trijumeau, précisions sur l'entrecroisement intrabulbaire des fibres de divers nerfs craniens qui n'ont pu être fournies que par des expériences délicates, nécessitant une rare dextérité, ce sont là les principales notions, mais ce ne sont pas toutes les notions que nous lui devons dans ce domaine. C'est peut-être dans ces recherches que se montrent le mieux sa grande habileté expérimentale et la sûreté de sa technique. Il faut avoir essayé de pratiquer soi-même des sections et des excitations intra craniennes des troncs nerveux issus du bulbe rachidien pour se rendre compte des multiples difficultés que présentent ces expériences. Le soin dans la préparation de l'expérience et l'adresse dans l'exécution doivent être tels que l'art de la vivisection ainsi pratiqué égale le physiologiste au chirurgien le plus exercé.

D'une autre question de physiologie nerveuse dont s'est aussi beaucoup occupé Vulpian (souvent avec Philipeaux), celle de la réunion et de la régénération des nerfs après qu'ils ont été sectionnés, mais où il n'a pas trouvé de faits dominateurs, je ne retiendrai qu'une donnée d'une grande portée pratique et que les recherches des expérimentateurs d'aujourd'hui ont remise en évidence. Vulpian a parfaitement vu, comme d'ailleurs son contemporain M. Schiff, avec quelle rapidité se rétablit la continuité des fibres nerveuses, même quand les cordons nerveux ont été séparés sur une longueur de plusieurs centimètres. Observation importante pour toutes les expériences d'énervation d'organes.

Il me semble que ce serait offenser la mémoire de Vulpian que de ne pas remarquer maintenant combien son œuvre neurologique dépasse les limites dans lesquelles je viens de m'enfermer volontairement. Je me suis soigneusement abstenu en effet, puisque d'autres en étaient chargés qui devaient s'en acquitter avec une compétence que je n'ai pas, de parler des travaux cliniques et anatomo-pathologiques de Vulpian sur le système nerveux, encore qu'il soit souvent très difficile de distinguer sur ce terrain entre la physiologie et la pathologie et donc que l'on fasse acte arbitraire en séparant ici le médecin du physiologiste. Je n'en veux qu'un exemple. N'est-ce pas par des observations anatomo-cliniques que Vulpian, le premier (1865, 1870, 1871), a posé la question du rôle trophique des cellules des cornes antérieures de la moelle ? Que d'autres importantes notions semblablement obtenues on pourrait citer, comme celle des réflexes de défense dont Sherrington devait faire de nos jours une si complète et si pénétrante analyse, comme celle des troubles vaso-moteurs dans les affections de la moelle qu'il a vus le premier ! Et comme je comprends, pour ma part, que dans son *Exposé de titres*, rédigé à l'occasion de sa candidature à l'Académie des sciences en 1876, Vulpian ait eu le droit d'écrire les lignes suivantes (p. 6) : « Lorsque je fus appelé à prendre la direction d'un service à l'hôpital de la Salpêtrière, en même temps que M. Charcot, aujourd'hui mon collègue à la Faculté de Médecine, notre attention se porta d'une façon toute spéciale sur les affections de la moelle épinière. Les résultats de nos recherches furent publiés dans divers recueils ou communiqués à la Société de biologie. Nos élèves nous secondèrent avec ardeur et entreprirent aussi, sous notre direction, des études persévérantes sur ces affections. De là, de nombreuses publications : les unes sous forme de thèse inaugurales ; les autres, sous forme de notes ou de mémoires insérés dans les *Comptes rendus et mémoires de la Société de biologie* ou dans les *Archives de médecine*, les *Archives de physiologie normale et pathologique*, etc. Ces efforts combinés n'ont pas été stériles. De nouveaux types ont été dégagés du chaos de la pathologie médullaire ; ceux qui avaient été déjà démêlés par nos devanciers ont été caractérisés avec plus de précision ; enfin, des affections du système musculaire regardées par la plupart des médecins comme des affections protopathiques des muscles ont été rapportées à leur véritable cause productrice, jusque-là ignorée, c'est-à-dire à des lésions spéciales de la moelle épinière. L'ensemble de ces recherches et de celles qui ont eu pour objet la pathologie du bulbe rachidien et de l'encéphale a souvent été désigné soit en France, soit à l'étranger, sous le nom de travaux de l'*Ecole de la Salpêtrière.* »

II. — Le deuxième grand ensemble de recherches que l'on doit à Vulpian se rapporte aussi au système nerveux et se trouve présenté dans un très beau livre, les *Leçons sur l'appareil vaso-moteur.*

Ce sont des leçons faites à la Faculté de Médecine. On peut y admirer le même talent d'exposition et de critique, la même logique scientifique que dans les *Leçons sur la physiologie du système nerveux.*

A l'époque où ce livre a été publié (1875) les faits capitaux, depuis la découverte initiale de Claude Bernard en 1851 et en 1858 et celle de Brown-Séquard en 1852, étaient connus concernant l'influence du système nerveux sur le resserrement ou la dilatation des vaisseaux artériels. Mais il s'en fallait que l'innervation vasculaire de tous les organes eût été exactement déterminée et, d'autre part, que toutes les questions posées au sujet du mécanisme des actions vaso-motrices fussent résolues. Deux raisons qui suffisent à expliquer la genèse des *Leçons sur l'appareil vaso-moteur.*

Vulpian avait en effet à maintes reprises entrepris sur les nerfs vaso-moteurs des recherches dont les résultats avaient notablement augmenté nos connaissances : les vaso-moteurs de la langue découverts, les vaso-constricteurs du foie aperçus, les vaso-constricteurs du rein décelés dans le tronc du nerf splanchnique, l'action constrictrice sur les vaisseaux de la moelle épinière des rameaux communicants du sympathique thoracique, l'explication de l'action du nerf dépresseur par la présence dans le tronc des splanchniques de fibres vaso-dilatatrices, l'étude des actions vaso-motrices réflexes, la prévision de nerfs centripètes partant du cœur et dont l'excitation donne lieu à des effets vaso-constricteurs (ne sont-ce point les nerfs que François-Franck, une dizaine d'années plus tard, devait qualifier de nerfs *presseurs* ?), l'action sécrétoire du sympathique cervical sur la glande sous-maxillaire, la démonstration des centres vaso-moteurs médullaires, ce sont là d'appréciables acquisitions.

Ayant ainsi expérimenté et, d'autre part, sûrement informé, comme il l'était toujours, des travaux de ses prédécesseurs, Vulpian avait pu se faire une opinion personnelle sur les principaux problèmes relatifs à la nature et au mode d'action des nerfs vaso-moteurs. De là les leçons où il expose avec cette clarté qui lui est propre le rôle des vaso-dilatateurs, — sa démonstration, fondée sur des expériences, que ces nerfs ne sont pas des antagonistes, au sens strict du mot, des vaso-constricteurs, qu'ils n'ont point une action tonique et qu'ils n'agissent que quand on les excite, a gardé toute sa valeur — ; où il examine et critique avec son habituelle pénétration d'esprit l'opinion de Schiff sur le centre vaso-moteur unique et, fort de ses propres expériences, conclut, comme Goltz, à la réalité de centres médullaires coexistant avec le centre bulbaire ; où il étudie la question, qui a soulevé tant de discussions, du rôle des ganglions sympathiques comme centres nerveux ; où il essaie d'une façon si instructive d'expliquer la production des œdèmes et discute le rôle dans ce phénomène de l'appareil vaso-moteur et de ses perturbations. Il est de ces exposés qui ne laissent pas d'être comparables, pour la forte simplicité de la narration et la fermeté de la pensée, à l'historique encore célèbre qu'il a consacré dans ses *Leçons sur la physiologie du système nerveux*, à la découverte des fonctions des racines rachidiennes et à la polémique à ce sujet entre les tenants de Charles Bell et ceux de Magendie ; on sait quelles décisives raisons Vulpian a apportées en faveur de ce dernier et l'on sait aussi aujourd'hui que ces raisons n'enlèvent rien au mérite de Charles Bell (1).

Aussi Vulpian reste-t-il l'un des physiologistes qui ont le mieux compris et présenté les modes d'action du système nerveux vaso-moteur et les limites de cette action. Et c'est pourquoi assurément il sut s'élever avec tant de force contre les médecins qui prétendaient expliquer une foule de syndromes morbides et d'actions médicamenteuses par des modifications des phénomènes vaso-moteurs. J'ai déjà eu l'occasion de rappeler ces justes critiques de Vulpian et de les comparer à celles que j'ai faites moi-même des exagérations auxquelles, de nos jours, se sont laissés aller tant de pathologistes dans l'application à la médecine des découvertes physiologiques sur les sécrétions internes. « Si la physiologie des nerfs vaso-moteurs, a écrit Vulpian, offre de nombreuses lacunes et de grandes incertitudes, on conçoit combien il faut être prudent lorsqu'il s'agit d'utiliser les données expérimentales pour l'explication des phénomènes morbides...

« On sait avec quelle ardeur un certain nombre de médecins de différents pays se sont lancés dans la voie ouverte par les expériences de M. Cl. Bernard et de M. Brown-Séquard. On est bientôt arrivé à admettre que la plupart des troubles morbides de l'organisme avaient pour origine ou pour mécanisme une modification fonctionnelle des nerfs vaso-moteurs. La fièvre, l'inflammation, les hémorragies, les dyspepsies, les grandes névroses (l'hystérie, l'épilepsie par exemple), le tétanos, diverses paralysies, le diabète, l'albuminurie, etc., tous ces états pathologiques, ou, tout au moins, leurs principaux symptômes étaient dus, à en croire ces pathologistes, à une perturbation de l'appareil vaso-moteur.

« Et, en thérapeutique ou en toxicologie, que d'assertions téméraires ! Le sulfate de quinine a une influence favorable sur la fièvre intermittente parce qu'il agit sur les nerfs vaso-moteurs, la strychnine détermine les convulsions parce qu'elle provoque une dilatation des vaisseaux de la moelle épinière ; l'opium est soporifique parce qu'il fait resserrer les vaisseaux de l'encéphale ; le bromure de potassium n'exerce son action dépressive sur le système nerveux que par son influence sur l'appareil vaso-moteur ; et ainsi de suite pour toutes les substances toxiques et médicamenteuses.

« J'ai toujours lutté, pour ma part, contre cette déplorable tendance à appliquer d'une façon prématurée à la pathologie les données encore incertaines de la physiologie expérimentale. La plupart des assertions

(1) Voy. V. Christiansen. *Charles Bell*, Paris, Masson et Cie, 1922.

qu'on émet ainsi, sans aucune espèce d'esprit critique, sont d'ailleurs absolument dénuées de preuves : ce sont des conceptions de cabinet, comme chacun peut en imaginer à plaisir. Et il serait même facile de prouver que les actions vaso-motrices, attribuées à tel ou tel médicament ou à tel ou tel poison, par des médecins qui n'ont jamais fait la moindre expérimentation sérieuse par eux-mêmes, sont souvent le contraire de ce que la physiologie nous révèle (1). »

Dans les sciences aussi l'histoire se répète quelquefois. En dépit d'une faillite comme celle des applications inconsidérées à la pathologie des notions relatives aux nerfs vaso-moteurs que les physiologistes s'efforçaient laborieusement d'établir sur des fondements certains, la tentation des hypothèses faciles et des généralisations téméraires n'est point morte et beaucoup des médecins d'aujourd'hui ont refait avec les sécrétions internes ce que Vulpian avait reproché à leurs prédécesseurs de faire avec les actions vaso-motrices.

III. — Le troisième ensemble expérimental dont il me reste à parler est formé par les recherches que Vulpian a faites sur l'action physiologique de différentes substances toxiques et médicamenteuses. C'est encore dans son cours de la Faculté de Médecine qu'il avait traité de ces questions ; puis ces leçons furent publiées sous le titre de *Leçons sur l'action physiologique des substances toxiques et médicamenteuses* (2).

La méthode de l'auteur est toujours la même. Ce qui donne à l'exposé critique qu'il présente des faits connus un intérêt soutenu et tant de fermeté et ce qui le vivifie en quelque sorte, c'est qu'il l'appuie presque toujours sur des expériences personnelles.

Les substances étudiées avec prédilection par Vulpian sont le curare, la strychnine, le jaborandi et son alcaloïde, la pilocarpine, c'est-à-dire des substances dont le mode d'action posait des problèmes physiologiques du plus haut intérêt. Que de faits nouveaux, que de remarques ingénieuses ou profondes Vulpian a apportés sur toutes ces questions ! Ainsi il a eu la plus claire vision des difficultés qu'offre l'explication de l'action du curare, telle qu'on la concevait depuis les premières et célèbres expériences de Claude Bernard et, s'il a pris de ces difficultés une notion si exacte, c'est qu'il avait fait des expériences de son illustre contemporain une analyse à la fois minutieuse et approfondie, une analyse qui reste un modèle de critique expérimentale. La cessation de l'action des nerfs sur les muscles, chez les animaux curarisés, peut être due, remarque Vulpian, à la perte de l'excitabilité des fibres nerveuses ou à l'abolition de la conductibilité de ces fibres ou enfin à l'impossibilité du passage de l'excitation des fibres nerveuses excitées aux faisceaux musculaires correspondants. Or il constata, fait inconnu avant lui, que la paralysie curarique peut se

(1) A. Vulpian. *Leçons sur l'appareil vaso-moteur*, t. I, préface, p. x-xi, Paris, Germer Baillière, 1875.
(2) Un vol. in-8° de xxxi-657 pages, Paris, O. Doin, 1882.

produire, au moins chez les Mammifères, à un moment où les excitations artificielles des nerfs moteurs se transmettent encore aux muscles ; il découvre aussi que les racines antérieures du nerf sciatique sont encore excitables chez des chiens curarisés longtemps après (quarante minutes) que ces animaux ont perdu toute motilité volontaire ou réflexe et il voit que l'excitabilité motrice de la moelle persiste semblablement. On ne peut donc pas admettre avec Claude Bernard que les nerfs moteurs (les nerfs du mouvement volontaire) sont pour ainsi dire *décrochés* de la moelle épinière. Depuis, il est devenu classique de supposer que le curare agit sur les communications qui mettent en rapport les fibres nerveuses motrices avec les faisceaux musculaires primitifs, sur ce que, à la suite des travaux histologiques de Rouget, on appela les plaques terminales motrices.

Vulpian semble avoir eu dès 1852 cette idée, c'est-à-dire dix ans avant les travaux de Rouget, mais, quand il discute la question, avec quelle prudence ne présente-t-il pas l'hypothèse ! Ecoutons-le : « Le curare paraît donc porter son action, d'une façon non pas seulement élective, mais même exclusive, sur les extrémités périphériques des nerfs moteurs. Est-ce bien, du reste, sur ces extrémités qu'agit le curare ? C'est là ce que plusieurs auteurs ont admis. Mais d'autres expérimentateurs, et je suis du nombre, pensent que le curare n'agit point du tout sur les fibres nerveuses elles-mêmes, pas plus, par conséquent, sur leurs extrémités périphériques que sur le reste de leur longueur. Pour nous l'action du curare a pour effet d'interrompre la communication entre les fibres nerveuses et les fibres musculaires (1). » Voilà, dans ces derniers mots, l'expression adéquate au fait expérimental. Pour la donner et pour s'y tenir, il fallait un ferme esprit, qui ne se laisse pas captiver par les hypothétiques explications, quelque séduisantes qu'elles paraissent. Je dirai tout à l'heure comment de nos jours s'est trouvée expérimentalement justifiée la réserve de Vulpian. Un peu plus loin il insiste : « Nous sommes obligés, dit-il, de nous en tenir au seul fait qui ressort clairement de toutes les tentatives expérimentales entreprises jusqu'ici, à savoir que le curare rompt les communications physiologiques qui ont lieu dans l'état normal entre la fibre nerveuse et la fibre musculaire. » Et il ajoute immédiatement ces mots : « Et ce fait attend encore et attendra peut-être longtemps une explication admissible (2). » Il a fallu attendre, pour avoir cette explica-

(1) A. Vulpian. *Leçons sur la physiologie générale et comparée du système nerveux*, 1866, p. 211.

(2) *Loc. cit.*, p. 215. La pensée de Vulpian sur ce point n'a jamais varié ; on la retrouve identique dans ses *Leçons sur l'action physiologique des substances médicamenteuses et toxiques*, faites en 1875 et publiées sous une première forme en 1877, puis sous leur forme définitive en 1882. C'est ainsi qu'il écrit dans le remarquable avant-propos de cette édition (p. VII) : « Les recherches sur le curare nous ont fait voir que le mécanisme de la transmission des incitations motrices aux faisceaux musculaires est plus complexe qu'on ne l'imaginait. Une grande obscurité couvre encore, il est vrai, ce qui a lieu entre l'extrémité de la fibre nerveuse motrice et le faisceau musculaire primitif, au moment où celui-ci est mis en contraction par une incitation nerveuse ; mais l'analyse des effets du curare conduit à admettre qu'il pourrait y avoir là, entre les deux sortes d'éléments, une substance unissante particulière. L'entrée en jeu de cette substance serait nécessaire pour qu'il y eût transmission de l'incitation nerveuse au faisceau musculaire pri-

tion, jusqu'à nos jours, jusqu'aux belles expériences de L. Lapicque qui ont démontré que l'isochronisme du nerf et du muscle est la condition nécessaire de la transmission de l'excitation de celui-là à celui-ci ; que la curarisation augmente de plus en plus la chronaxie du muscle suivant la dose de curare et conséquemment supprime l'isochronisme normal entre le nerf moteur et son muscle ; simplement donc le curare empêche par l'hétérochronisme qu'il détermine entre le nerf et le muscle la transmission de l'excitation. Il faut lire attentivement toute cette démonstration à laquelle Lapicque a récemment donné sa forme définitive (1), mais on trouve encore un grand intérêt à la lecture de l'admirable analyse de Vulpian.

Je devrais encore signaler que l'on doit à Vulpian la connaissance de bien des particularités de l'action du curare, telles que les effets sur les nerfs du système sympathique sur les cœurs lymphatiques de la grenouille, etc.

L'étude de la strychnine n'est guère moins attachante ; ici encore même finesse dans l'analyse. La démonstration du mode d'action de ce poison, par augmentation de l'excitabilité réflexe du bulbe et de la moelle, est due à Vulpian. Il a confirmé le fait de l'action paralysante produite sur la grenouille par les fortes doses, fait que Charles Richet, dans son laboratoire, découvrait en même temps sur les Mammifères. Il a étudié les modifications du cœur, de la pression artérielle, des sécrétions sous l'influence de cette substance. Il a recherché les causes de la mort des animaux intoxiqués et fait la part de l'hyperthermie résultant des convulsions strychniques. Il a montré que les injections intraveineuses de chloral peuvent supprimer ces accès convulsifs. C'est à propos de toutes ces recherches sur la strychnine qu'il a imaginé, je crois bien, le premier, et pratiqué une méthode (2) qui fut, quelques années plus tard, retrouvée et très habilement mise en œuvre par Léon Fredericq, sous le nom de *circulation croisée*, pour l'étude de la régulation chimique de la respiration et qui, depuis lors, a pris dans la technique physiologique une grande place.

Que de choses encore il y aurait à rappeler de ces *Leçons sur les substances médicamenteuses et toxiques* et de travaux qui n'y ont point place et que l'on trouve particulièrement dans les *Comptes rendus de la Société de Biologie*, l'étude de la pilocarpine et de son antagonisme avec l'atropine, des recherches sur d'autres convulsivants que la strychnine, la brucine, la picrotoxine, sur la digitaline, la nicotine, le chloral, le bromure de potassium, les purgatifs salins, etc., enfin, des recherches sur les venins,

mitif ; le curare paralyserait cette substance et empêcherait ainsi le passage de l'incitation de la fibre nerveuse au faisceau musculaire. Je ne parle de cette hypothèse qu'en faisant les plus grandes réserves, d'autant plus qu'elle ne serait pas, il faut bien l'avouer, suffisante à tout expliquer. »

(1) In *L'excitabilité en fonction du temps*, un vol. grand in-8° de 371 p., Paris Les Presses universitaires de France, 1926.

(2) *Leçons sur l'action physiologique des substances médicamenteuses et toxiques*, p. 576 et suiv.

ceux du crapaud, du triton, de la salamandre terrestre, faites dans les années 1854, 1855, 1856 et reprises en 1874. Vulpian avait cru d'abord qu'aucun de ces venins n'a d'action sur l'animal qui le produit ; comme il le remarque lui-même, il retrouvait ainsi ce que Fontana avait déjà observé en 1781 avec le venin de la Vipère qui n'empoisonnerait pas les Vipères ; il reconnut par la suite que sa conclusion était trop absolue ; en réalité, le venin du crapaud, par exemple, empoisonne le crapaud, Claude Bernard l'avait constaté, mais Vulpian remarque qu'il faut employer pour cela une dose très forte. Ainsi était posée, dès cette époque, la question de l'immunité relative contre les venins, substances que nous savons aujourd'hui analogues à tant d'égards aux toxines microbiennes.

Mais j'en ai dit assez sans doute pour faire voir que l'œuvre de Vulpian, dans ce vaste domaine qui déjà portait le nom de pharmacologie expérimentale, a mis son auteur au premier rang des quelques chercheurs grâce auxquels, dans la seconde moitié du XIXe siècle, notre pays a joué un rôle non négligeable dans le développement de cette science. Nul, en effet, en France, sauf Claude Bernard, n'en a mieux prouvé tant par ses recherches que par son enseignement l'utilité comme moyen d'analyse physiologique et l'importance au point de vue de la thérapeutique humaine.

IV. — Ce n'est pas tout. Bien des travaux de Vulpian seraient encore à signaler et des faits qu'il a été le premier à voir ou à la connaissance desquels il a apporté quelque contribution originale. Je veux au moins retenir ceux qui montrent qu'il fut, à divers moments de sa vie scientifique, un initiateur ou un précurseur. C'est pour un homme de science le rôle le plus enviable, parce que c'est le rôle le plus utile qu'il puisse jouer. « La gloire éternelle dans tous les ordres de grandeur, a dit Renan, est d'avoir posé la première pierre. »

Pour la première fois en 1855, Claude Bernard émit l'idée des sécrétions internes, c'est-à-dire de sécrétions versées directement dans le sang (1). Or, dès 1856, dans une note à l'Académie des Sciences et une note à la Société de Biologie, puis dans une nouvelle note à la même Société, en 1858, Vulpian présentait des observations singulièrement confirmatives de la théorie de Claude Bernard ; par une réaction chimique très simple, il caractérisait dans le tissu des surrénales de nombreux animaux une substance particulière et il retrouvait la même réaction dans le sang veineux de l'organe sur le mouton, le cochon et le chien. Et il avait parfaitement compris, j'ai eu déjà l'occasion de le remarquer, toute la signification de cette découverte. Il s'en tint cependant à ces constatations, quoique son ami Brown-Séquard, cette même année 1856, eût montré que l'extirpation des surrénales entraîne la mort des animaux qui la

(1) Je crois avoir été le premier à donner un historique critique de la théorie des sécrétions internes dans mon Rapport au XVIIe Congrès international de médecine, Londres, 1913. Cf. E. Gley. *Les sécrétions internes*, Paris, J.-B. Baillière et fils, 1re édit., 1914 et *Quatre leçons sur les sécrétions internes*, Paris, J.-B. Baillière et fils, 1re édit., 1920.

subissent. J'ai essayé, dans une étude sur la formation et l'évolution de la notion de sécrétion interne (1), de déterminer les raisons de cette réserve ; et j'ajoutais : « Imagine-t-on cet habile expérimentateur, si bien informé et chez qui l'esprit critique ne le cédait pas à la science, s'attachant à cette question qu'il a entrevue et recherchant systématiquement les propriétés du sang veineux surrénal ? Assurément l'insuffisance de la chimie organique de son temps l'eût vite arrêté, mais la voie de l'investigation physiologique lui était ouverte. » Il n'y est malheureusement pas entré et l'étude de la question a été retardée d'une cinquantaine d'années.

C'est aussi et plus sûrement même l'insuffisance de la technique qui l'a empêché de poursuivre les expériences d'un si haut intérêt qu'il avait entreprises sur les larves de grenouilles et dont il présenta les résultats à la Société de biologie de 1858 à 1861. Par ces expériences il est de ceux qui ont créé la morphologie expérimentale et cette science que les Allemands appellent l'*Entwicklungsmechanik*. N'a-t-il pas cherché si des lésions pratiquées sur l'œuf lui-même, après fécondation, n'amènent pas des déformations de l'embryon ? Pour cela il transperçait d'outre en outre, comme il dit, des œufs de grenouilles trois jours après la ponte et la fécondation. Essais qui suffisaient d'ailleurs pour qu'il pût conclure que le développement ne se fait pas sous l'influence et la direction du système nerveux central. N'est-ce pas la même méthode qui devait, d'abord entre les mains de Chabry, puis surtout à Bataillon et à Jacques Loeb, donner de si brillants résultats et qui est classique, aujourd'hui que l'embryologie devient une science expérimentale ? Non moins suggestives les expériences de Vulpian sur le développement des embryons décapités de grenouille et sur le développement des queues de têtards séparées du reste de l'animal, qui se poursuit comme si la partie ainsi isolée était encore en continuité avec le reste du corps, constatation que l'éminent histologique allemand Oppel a de tous points confirmée en 1913. Et je ne parle ni des recherches sur la production expérimentale des monstres, ni de celles relatives à l'action de divers poisons sur les têtards de grenouille, dans lesquelles il se montre encore un précurseur. Qu'on lui suppose une technique plus fine, une instrumentation perfectionnée et peut-être un peu plus de persévérance dans l'effort ou peut-être un peu moins de cette richesse d'idées qui fait que des hommes comme Brown-Séquard et comme lui interrompent souvent un travail à peine entrepris, sollicités qu'ils sont par une nouvelle étude et s'y empressant, quels résultats n'aurait-il pas obtenus ! — De ceux qu'il avait constatés il a, en tout cas, compris la signification biologique et vu la portée philosophique. Il n'y a qu'à parcourir pour cela la leçon XIV des *Leçons sur la physiologie du système nerveux*, consacrée à la critique expérimentale de la notion du principe vital ; cette critique repose en grande partie sur les expériences dont il vient d'être question et

(1) The theory of internal secretion ; its history and development. *The Practitioner*, janvier 1915, t. XCIV, p. 2-15. Voy. aussi E. Gley. *Les grands problèmes de l'endocrinologie*, Paris, J.-B. Baillière et fils, 1926, p. 12-15.

à l'aide desquelles Vulpian défend la thèse de l'autonomie des éléments anatomiques. Nul doute que ce ne soient ces idées de Vulpian, non moins que celles qu'il soutenait sur les relations entre le cerveau et les facultés intellectuelles (1) qui, à une époque où l'Eglise prétendait encore exercer un droit de contrôle sur l'Université, aient froissé les consciences trop disposées à s'alarmer de plusieurs évêques fort influents, dont l'un au moins a laissé un grand nom (2) ; ceux-ci, quand il s'agit pour le Conseil académique de donner son avis sur l'élection de Vulpian à la chaire d'anatomie pathologique de la Faculté de Médecine en 1867, s'opposèrent violemment à la ratification de cette élection ; on l'accusa de matérialisme, grave accusation en ce temps, puis, quand il eut été nommé professeur, on alla jusqu'à demander sa révocation. Il nous faut faire effort pour admettre la possibilité d'un tel événement. C'est que la liberté de la pensée et de son expression nous est devenue si naturelle que nous ne nous souvenons plus des combats qu'il a fallu livrer pour la faire reconnaître comme le premier des droits et comme un souverain bien. Nous ne devrions pas oublier que des hommes ont souffert et sont morts pour cette noble cause.

Il est encore une question, moins importante à la vérité que les précédentes, dans laquelle Vulpian a été un novateur. C'est celle des trémulations cardiaques produites par l'excitation faradique d'un ventricule. Quand il a trouvé ce fait si saisissant et qui n'est d'ailleurs pas encore complètement éclairci, il s'en faut, il ne savait pas que Panum et Sigmund Mager l'eussent déjà vu. Ses observations à ce sujet n'en gardent pas moins leur valeur.

Par le nombre de ses travaux, par la solidité de la plupart d'entre eux, par l'originalité de quelques-uns, par l'intérêt qu'ils offrent tous, Vulpian mérite une place à côté, sinon tout à fait au rang des grands physiologistes français du XIXe siècle, de ceux qui, à l'imitation du plus grand d'entre eux, notre génial Claude Bernard, ont contribué d'un si vaillant et si efficace effort à l'édification de cette magnifique science de la vie, mère et maîtresse de toutes les sciences biologiques, la physiologie, dont, au début de ce XIXe siècle, on ne reconnaissait même point encore l'indépen-

(1) « Il faut bien le dire, l'étude de l'intelligence et de l'instinct fait partie de la physiologie expérimentale, et c'est seulement en s'appuyant sur les faits expérimentaux qu'elle peut réaliser quelques progrès sérieux. » (A. Vulpian. *Leçons sur la physiologie du système nerveux*, 1866, p. 893). « Aujourd'hui, dit-il un peu plus loin (*Ibid.*, p. 905), tous les naturalistes admettent que bon nombre d'animaux jouissent de facultés intellectuelles. En quoi consistent donc ces manifestations intellectuelles de l'activité cérébrale chez les animaux ? » — Laissons donc de côté, dit-il encore, comme impossible à connaître, la cause première des phénomènes intellectuels de l'homme et des animaux et attachons-nous seulement à la cause prochaine. Nous y voyons des manifestations de l'activité cérébrale dans un cas comme dans les autres. Nous nous dégageons ainsi de préoccupations qui sont d'un tout autre domaine et qui ne peuvent qu'égarer les recherches scientifiques, en y mêlant des passions pour le moins inutiles. Ces prémisses posées, nous admettons sans aucune restriction que les phénomènes intellectuels des animaux sont de même ordre que ceux de l'homme. » (*Ibid.*, p. 909-10.)

(2) Mgr Dupanloup.

dance. A côté donc des noms de Claude Bernard, de Brown-Séquard, de Chauveau, de Flourens, de Marey, le nom de Vulpian est digne d'un glorieux rappel.

La médecine de Pinel à Vulpian

par M. Ch. Achard.
Secrétaire général de l'Académie de Médecine.

Quel temps fut jamais plus fertile en célébrations de centenaires ? Pourquoi notre présent agité se complaît-il au spectacle apaisant du passé ? Serait-ce pour détendre un instant son esprit que les conditions de la vie moderne pressent toujours davantage de porter ses regards vers l'avenir ? Ne serait-ce pas plutôt pour le secret orgueil de vanter les progrès accomplis en un siècle dans toutes les manifestations de l'activité humaine ?.

Notre Académie, du moins, dans cette évocation des plus illustres de ses membres, ne saurait voir une nouveauté. Dès son origine, elle leur a voué le culte du souvenir, qu'elle célèbre en des séances annuelles. Mais depuis plusieurs années, obéissant au goût du jour, elle y ajoute volontiers quelques cérémonies d'apparat qu'elle consacre au centenaire de ses plus glorieux ancêtres. Elle y trouve l'occasion profitable de tirer quelques leçons toujours utiles et souvent réconfortantes d'une histoire qui, sous des formes un peu variées, se recommence perpétuellement.

Le centenaire d'un grand homme rappelle tantôt la naissance et tantôt la mort du personnage. Aujourd'hui le hasard, qui souvent fait bien les choses, nous procure la fortune singulière de commémorer en même temps ces deux extrêmes. Il y a cent ans à peu près, Pinel quittait ce monde et Vulpian y faisait son entrée. Faut-il, reportant notre pensée à cent ans en arrière, donner à la fois, tels les deux cortèges se croisant à l'église, une larme au défunt et un sourire au nouveau-né ? Ce serait assurément trop peu, et pour l'un et pour l'autre. La mort de Pinel, c'était la mise au tombeau d'une génération qui avait marqué une époque médicale, et la naissance de Vulpian, c'était l'avènement plein de promesses d'une autre génération qui devait aussi marquer dans l'histoire de la médecine une époque nouvelle. Mais de l'une à l'autre, que de changements dans notre science !

Au temps où professait Pinel, la médecine reposait entièrement sur l'observation et l'hypothèse. La première constatait des faits, des symptômes principalement, que la seconde interprétait. Il va sans dire que l'hypothèse, que chacun peut habiller à sa guise, avait pour la plupart des médecins des charmes plus séduisants que la recherche patiente de faits intangibles. Mais l'interprétation fournie par l'hypothèse était le plus souvent erronée, car les désordres anatomiques de la maladie n'étaient que très imparfaitement définis et ceux des fonctions n'étaient guère connus, les fonctions elles-mêmes étant encore fort mal étudiées. Enfin l'interprétation des uns et des autres ne pouvait être que fragile, les causes en étant pour la plupart ignorées. Sans doute quelques esprits perspicaces entrevoyaient-ils déjà, parmi les principales de ces causes morbides, les altérations chimiques des humeurs et les miasmes ou virus venus du dehors. Mais deviner n'est pas savoir : deviner, c'est supposer et, pour savoir, il faut prouver.

Prouver, à cette période de la médecine, c'eût été reconnaître les lésions des organes et montrer les symptômes qu'elles entraînaient. C'eût été reconnaître les troubles des fonctions et les symptômes qui en dépendaient. C'eût été enfin reconnaître les causes pathogènes et la façon dont elles produisaient ces lésions d'organes et ces troubles de fonctions.

Reconnaître les lésions des organes et expliquer par ces lésions une série de symptômes, ce fut l'œuvre de Laënnec et de la méthode anatomo-clinique dont la création demeure son plus beau titre de gloire.

Au temps où brillait Laënnec, Pinel avait terminé sa tâche et, chargé d'années, il lui survivait,. Mais déjà Magendie s'essayait à diriger la médecine dans la voie de l'expérimentation physiologique. C'est à son disciple Claude Bernard qu'il était réservé de faire bientôt de la physiologie une vraie science et de la pathologie la physiologie de l'être malade. C'est ensuite que Vulpian, s'engageant dans le sillon nouvellement tracé, accomplit à son tour une œuvre féconde.

Si Vulpian fut à la fois physiologiste et médecin, Pinel fut surtout naturaliste et médecin.

Esprit encyclopédique, à une époque où l'intelligence humaine, affinée par une forte culture classique, pouvait encore embrasser l'ensemble du savoir humain autrement que dans une vision lointaine qui n'en laisse apercevoir que les contours, il s'efforça d'appliquer à la médecine la méthode alors en grande faveur dans les sciences naturelles. Les classifications de Linné hantaient toujours les naturalistes. On s'attachait à les perfectionner par la connaissance de caractères distinctifs, tant chez les plantes que chez les animaux. Si l'on cherchait à déterminer les particularités anatomiques des êtres vivants, c'était surtout pour distinguer ces êtres entre eux et les répartir en des espèces naturelles. Les découvertes retentissantes de Cuvier, en créant la paléontologie, avaient même donné le moyen de reconstituer dans un passé lointain, à l'aide de caractères anatomiques, une classification d'êtres à jamais disparus.

Plus d'une fois les médecins avaient tenté de faire pour les maladies ce que les naturalistes faisaient pour les êtres organisés. Les plus vieilles traditions médicales n'envisageaient-elles pas la maladie comme une sorte d'être malfaisant qui s'emparait du corps ? Sydenham, Gaubius, d'autres encore, avaient imaginé des classifications en quelque sorte linnéennes des espèces morbides. Mais c'était surtout Boissier de Sauvages qui avait poussé ce système à l'extrême, y comprenant 10 classes, 44 ordres et 315 genres de maladies.

Pinel simplifia. Sa classification, donnée pour la première fois dans sa *Nosographie philosophique* en 1798, prenait pour base les altérations des organes et des fonctions, ce qui était une vue très juste. Il classait, par exemple, les phlegmasies suivant les organes qu'elles frappaient. Même dans les maladies sans lésions connues, qu'on appelait alors les fièvres essentielles, il prenait pour principe de leur distinction moins les caractères apparents des symptômes que la localisation du trouble principal : la fièvre angioténique ou inflammatoire représentait à ses yeux une inflammation du système vasculaire ; la fièvre méningo-gastrique ou bilieuse, une altération de l'appareil digestif. La fièvre hectique était pour lui symptomatique de lésions d'organes, et la fièvre puerpérale n'était que l'ensemble des complications fébriles chez les accouchées. N'étaient-ce pas encore des vues très judicieuses ?

Aussi n'en est-il que plus curieux de voir comment, quelques années plus tard, Laënnec, jeune encore, il est vrai, et élevé à l'école rivale de Corvisart, jugeait dans le *Journal de Médecine* (1) cette classification de Pinel : « Il me semble, écrivait-il, qu'il est beaucoup plus simple et plus naturel de ne reconnaître qu'un seul genre de fièvre, divisé en deux espèces, l'intermittente et la continue, qui peuvent être tantôt essentielles ou idiopathiques, tantôt symptomatiques, qui peuvent enfin être simples ou compliquées d'état inflammatoire, d'affection bilieuse, ou de tous les symptômes graves dont la réunion constitue ce qu'on a appelé la putridité et la malignité, et qui peuvent être isolés ou réunis. »

Pourtant les idées de Pinel avaient déjà porté leurs fruits. C'est en lisant sa conception des phlegmasies des tissus que l'illustre créateur de l'Anatomie générale avait conçu le *Traité des Membranes*. Une étincelle de son génie avait allumé celui de Bichat, pouvait dire Dupuytren dans son éloge de Pinel.

Classer les maladies ne fut pas pour Pinel le but de son activité médicale, comme tendait à le faire croire l'appréciation peu bienveillante et souvent reproduite de Dubois (d'Amiens), l'accusant d'estimer « plus utile et plus urgent d'assigner à une maladie sa véritable place dans un cadre nosologique que d'en trouver le remède : assertion assez étrange, accentue le satirique écrivain, et qui devait être sans doute beaucoup plus du goût des savants que du goût des malades ». Or, bien loin de se désintéresser de la thérapeutique, Pinel s'appliquait à l'améliorer en la débarrassant de pratiques inopportunes. Il répugnait « à la polypharmacie et à l'entassement arbitraire des objets de matière médicale ». Il s'élevait contre l'abus des saignées. Il attachait une grande importance à l'hygiène du corps. Ennemi des systèmes, également éloigné des excès de l'humorisme et du solidisme, il n'admettait qu'une thérapeutique prudente et adaptée à la maladie et au malade.

Si Pinel est connu du grand public pour avoir, selon le style pompeux de l'époque, brisé les fers des aliénés, c'est surtout par sa *Nosographie philosophique* qu'il reste vivant dans le souvenir des médecins.

(1) *Journ. de Médecine*, juin 1806, t. XI, p. 709.

Qu'est devenue depuis ce temps la classification des maladies ? Aujourd'hui, dans nos traités classiques, les fièvres n'ont pas disparu, mais elles forment une partie importante des maladies infectieuses, avec les fièvres éruptives alors classées au nombre des maladies de la peau. Les inflammations se sont conservées avec leurs divisions anatomiques, plus que jamais consacrées par l'école anatomo-clinique, avec cette différence toutefois que, à la division selon les systèmes et tissus, s'est substituée une division selon les organes : changement qui n'est guère préférable et qui tend à rétrécir les vues du clinicien en les concentrant d'une manière un peu trop exclusive sur un seul et même organe. Les hémorragies aussi, groupées par Pinel, se sont, dans nos traités de pathologie spéciale, éparpillées entre les divers organes qui en sont le siège. Les névroses ont été heureusement remaniées par la séparation d'un grand nombre d'affections nerveuses dont on a reconnu les lésions. Enfin les altérations organiques se sont réparties parmi les affections des organes en particulier.

C'était une notion de pathologie générale que Pinel mettait à la base de sa classification. Aujourd'hui nous séparons la pathologie générale de la pathologie spéciale et, dans celle-ci, les divisions sont fondées sur l'anatomie principalement. Côte à côte nous rangeons des maladies fort différentes dans leur essence : la pneumonie et le cancer du poumon, l'emphysème et l'infarctus. L'asthme voisine avec la coqueluche. Nous mélangeons lésions d'organes et troubles de fonctions. Tandis que la cause pathogène est notre guide pour la classification des infections, c'est l'organe malade ou qui nous paraît principalement malade qui nous sert de base pour la classification de presque tous les autres états morbides. C'est le trouble nutritif apparemment prédominant que nous classons comme une maladie de la nutrition.

Certes, on ne peut dire que nos classifications actuelles soient logiques ni ordonnées. C'est peut-être un tort de négliger comme nous faisons cet élément de clarté qu'est une classification rationnelle et de laisser par là nos livres classiques fâcheusement en retard sur l'évolution des idées médicales. Une vue un peu plus générale ou, si j'osais employer un terme peut-être prétentieux, un peu plus de philosophie ne messiérait pas aujourd'hui à notre nosographie.

Bien différente est l'œuvre de Vulpian, et bien différente aussi son époque.

Lorsqu'il entre dans la carrière, la médecine, sortie des spéculations dogmatiques, est en possession déjà de données positives pour l'interprétation des symptômes. Elle sait observer des lésions ; elle s'essaie à compléter leur étude au moyen du microscope, et Vulpian contribue pour sa part à ce perfectionnement nécessaire. Mais surtout la médecine utilise les expériences nouvelles des physiologistes pour expliquer les désordres de la maladie, et c'est à cette tâche que Vulpian consacre toute sa vie de savant et de chercheur.

A cette époque, la physiologie n'avait jamais cessé d'être principalement médicale. Celui qui la personnifiait avec éclat, Claude Bernard, avait fait des études de médecine et, s'il ne pratiquait point notre art, il n'était point étranger à la clinique, ayant été interne des hôpitaux. Son maître Magendie, médecin de l'Hôtel-Dieu, avait été médecin plus encore que physiologiste. Vulpian pareillement fut surtout médecin. Claude Bernard avait bien vu que c'était la médecine qui posait le plus grand nombre des problèmes que la physiologie s'efforçait à résoudre, et il faut bien reconnaître qu'il avait beaucoup mieux réussi, partant d'une donnée médicale, à faire des découvertes physiologiques qu'à résoudre des problèmes cliniques avec les données de la physiologie. Au contraire Vulpian fit constamment l'application des faits de la physiologie à l'interprétation clinique. Sous ce rapport, on peut dire qu'il compléta de très heureuse façon l'œuvre de Claude Bernard.

Si, en ce temps, la physiologie ne se séparait guère de la médecine, les choses aujourd'hui ont certainement changé ; mais s'il y a plus de physiologistes étrangers à la médecine, c'est encore bien souvent à des problèmes intéressant la médecine que s'emploient leurs efforts.

Effacé quelque peu par la splendeur de Claude Bernard, le mérite de Vulpian, aux yeux éblouis de ses contemporains, a souffert de ce voisinage. Dans le magnifique essor de la physiologie au XIXe siècle, son œuvre n'apparaît qu'au second plan ; mais si Vulpian n'a pu briller qu'au second rang, il ne se fût nullement effacé au premier si le sort l'y eût placé.

Son œuvre a, d'ailleurs, son cachet propre. Claude Bernard s'est adonné surtout à la physiologie générale, Vulpian à la physiologie pathologique. En cela il se rapproche de Charcot qui, au vrai, fut plus exclusivement clinicien, mais qui, avec grand succès, se voua de même à l'interprétation des désordres morbides par les données de l'anatomie pathologique et de la physiologie. Tous deux furent des neurologistes de la première heure, comme aussi Brown-Séquard qui sut allier avec le même bonheur la physiologie et la médecine. Saluons dans une commune admiration ces trois grands noms que la vie avait rapprochés dans le temps et unis par les liens d'une mutuelle estime et d'une collaboration féconde. Ils ont fait de la neurologie une création presque entièrement française. Et notons que c'est en grande partie par la neurologie que la physiologie a pénétré la médecine.

Clinicien, anatomo-pathologiste, expérimentateur, également brillant dans ces trois disciplines, Vulpian eut le mérite, rare encore à cette époque, de réunir en soi, en un solide et harmonieux trépied, ces trois compétences qui sont devenues les attributs nécessaires du grand médecin.

En s'attachant à l'interprétation physiologique des troubles de la maladie, Vulpian ne se laissa jamais aller à la séduction de l'hypothèse facile. Les nerfs vaso-moteurs, dont il fit une étude demeurée classique, étaient pourtant une matière qui se prêtait aisément aux interprétations hypothétiques, et certains n'ont pas manqué d'en user ainsi. Ce fut, à une certaine période, par des actions réflexes et vaso-motrices qu'on tenta d'expliquer nombre de désordres, un peu comme avait fait Broussais par l'irritation et la gastro-entérite. Vulpian évita soigneusement cet écueil. « J'ai toujours lutté pour ma part, dit-il dans sa préface, contre cette déplorable tendance à appliquer d'une façon prématurée à la pathologie les données encore incertaines de la physiologie expérimentale. La plupart des assertions qu'on émet ainsi, sans aucune espèce d'esprit critique, sont d'ailleurs absolument dénuées de preuves : ce sont des conceptions de cabinet comme chacun peut en imaginer à plaisir. »

La probité scientifique de Vulpian se rehaussait de la conscience qu'il apportait à remplir tous ses devoirs. En cela, comme par sa bonté, sa modestie et son désintéressement, il peut être rapproché de Pinel. Et si de nos jours la vie de ces deux hommes illustres eût été mise en parallèle, un Plutarque n'eût pas menti qui eût loué dans l'un et l'autre ce qui fait la vraie noblesse du médecin : savoir le vrai pour faire le bien.

Discours de M. HERRIOT, Ministre de l'Instruction publique et des Beaux-Arts.

MESDAMES, MESSIEURS,

Le Gouvernement désire être présent dans les diverses cérémonies où sont célébrés nos grands médecins ou chirurgiens parce que, grâce à l'ampleur de leurs esprits et de leurs œuvres, ils ont agi bien au delà du domaine restreint où se meut l'activité purement professionnelle. Leur gloire devient une part de la gloire nationale. Après Laënnec, voici que Pinel et Vulpian nous ramènent dans cette salle étroite mais illustre, dont on pourrait dire, en style du XVIIIe siècle, qu'elle est un temple dédié à la Science, gardé par la courtoisie.

Devant des hommes qui savent, il n'est pas de meilleure politesse que la discrétion. Et, par exemple, même si l'on discerne l'importance d'un labeur comme celui de Vulpian, si l'on croit sentir tout ce qu'il a su amasser d'expérience au chevet du malade comme au laboratoire, si l'on est frappé de l'étendue et de la variété des observations qui le conduisent aux idées générales les plus fécondes, on hésite à risquer un jugement auquel manquerait l'autorité de la technique, surtout après les exposés si riches de MM. les professeurs Gley et Achard, après l'éloge adressé à son maître par M. le professeur Hayem, en un discours si émouvant d'allègre jeunesse.

On se sent un peu moins gêné avec Philippe Pinel. Lui-même, il se disait à la fois médecin et philosophe. Or, les philosophes apparaissent comme les agents de liaison entre les savants et les lettrés ; on peut discuter leurs théories sans trop de risque. M. Maurice de Fleury vient de nous tracer un saisissant tableau de ce qu'étaient les geôles de fous avant la réforme que vous commémorez. Et Pinel qui a tant combattu les *humc-*

ristes, ne se doutait pas que, parlant de lui, M. Georges Dumas nous ferait connaître un humorisme médical, charmant, sans dommage pour la fermeté de la pensée.

En vérité, nulle figure ne fut plus attrayante, plus rayonnante que celle du « bon Pinel ». On l'entrevoit, formant son esprit dans une de ces maisons du XVIIIe siècle où le christianisme et le paganisme faisaient bon ménage. Est-il vrai que, s'il eût poursuivi dans la carrière ecclésiastique, il y eût connu les dignités ? Ne fut-il pas demeuré plutôt un modeste apôtre. Toujours est-il qu'il a retenu de cette éducation comme un sincère évangélisme et le goût de la bienfaisance. A sa culture classique, il doit des larges connaissances et l'ouverture de son esprit. Comme Laënnec, il s'attache à Hippocrate, non par goût d'une vaine érudition, mais parce qu'il rencontre chez le père de la médecine grecque les premiers principes de la méthode critique, les premières applications de la raison à l'art de guérir. Historien, il aimait Tacite et l'on nous enseigne qu'il avait travaillé à une étude sur Louis XI. Pour le caractère, il ressemble à un personnage de Sedaine. Ce brave homme est, d'ailleurs, un homme brave; non seulement il abrite Condorcet, mais il protège contre les excès ses pauvres malades des prisons de Bicêtre.

Lorsque Pinel, aux environs de 1780, commence à dégager sa personnalité, Voltaire et Rousseau viennent à peine de mourir. Leur influence emplit et domine les esprits. Le siècle a développé le goût de l'encyclopédie la science et les lettres sont pratiquées avec la même ferveur. Le *Journal*, rédigé par l'abbé Rosier, où Pinel déposera certains de ses écrits, publie tout ensemble des observations sur la physique, sur l'histoire naturelle et sur les arts. Le futur réformateur manifeste la variété de ses aptitudes. Il se consacre à des recherches anatomiques ; pour preuve, ses travaux sur les luxations. Il se passionne pour la zoologie au point d'être jugé digne de succéder à Cuvier. Mais, son originalité, il la doit surtout à sa connaissance des mathématiques. N'ira-t-il pas jusqu'à vouloir appliquer à la guérison des aliénés le calcul des probabilités ? Son mémoire de 1787 à l'Académie des Sciences prétend appliquer des règles mathémathiques à l'examen du corps de l'homme. A l'extrême fin du siècle, sa *Nosographie philosophique* se présente comme un *Discours de la méthode médicale*. Elle se fonde sur l'analyse. Un lecteur qui, tour à tour, étudierait cet ouvrage et l'*Introduction* de Claude Bernard à la *Médecine expérimentale* se donnerait, semble-t-il une idée assez exacte de la transformation de la méthode médicale en un siècle.

Est-ce à dire — ce qui serait grave,— que Pinel se borne à déduire, à abstraire, à projeter des notions idéales sur la réalité? Les jugements portés sur lui par Esquirol, les discours que nous venons d'entendre nous rassurent. Pinel a su établir le lien qui unit certaines maladies et certaines lésions. Son discours inaugural de l'an XIV rappelle le médecin à la nécessité de l'observation.

Au reste, ce cartésien, ce logicien, avait, au plus haut degré, le sens social, à la manière des plus grands de ses contemporains. De là, sans doute, la raison qui l'a conduit à se vouer aux malades les plus pitoyables ; de là, cette révolution qu'il a introduite dans le traitement des aliénés. Voilà son titre essentiel à notre admiration, à la reconnaissance humaine. En parcourant les nombreux ouvrages de Pinel sur la manie, comment ne pas faire un retour en arrière ? Comment ne pas évoquer les drames qu'a pu causer la méconnaissance de la folie, tant d'erreurs judiciaires qui, croyant frapper des coupables, n'atteignaient que des malheureux ? Pinel étudie toutes les formes de l'aliénation, y compris cette mélancolie qui pousse tant de gens au suicide. C'est le temps où agit l'exemple de Werther. Dans Ermenonville, non loin du tombeau où fut enfermé Jean-Jacques, un bois funèbre atteste par ses tombes le nombre des malheureux qui ont cédé à la contagion. Pinel, combattant avec courage les préjugés et les routines, demande la pitié pour tous les délirants. Il les confie à la science ; il leur donne un statut moral et réclame déjà pour eux ce statut juridique aujourd'hui encore inachevé.

C'est par là qu'il a su ennoblir sa retraite de Bicêtre. On l'aperçoit, à la fin de ses jours, vivant aux champs comme le vieillard de Tarente, appelant à lui ses élèves, ses amis. Son action n'est pas épuisée. Lorsque l'on observe la place considérable que garde encore l'aliénation mentale, lorsque l'on constate que les asiles réservés aux déments absorbent une part des ressources que l'on voudrait consacrer aux enfants, aux nourrissons ; lorsque l'on voit que nous n'avons pas su encore agir efficacement sur les causes de ce mal , on appelle un nouveau Pinel qui saura faire, pour la prévention de ce fléau, ce que le maître de la Salpêtrière a fait, jadis, pour sa définition ou pour sa cure. Pinel enseigna aussi la vertu de l'hygiène, cette forme physiologique de la sagesse. Son œuvre ne cessera, nous l'espérons, d'être enrichie. Telle qu'elle est, elle commande l'hommage le plus sincère. Elle prouve, la force de l'intelligence. Mais elle démontre aussi tout ce qu'il peut y avoir de génie dans la bonté.

Inauguration d'une Plaque à la mémoire de Vulpian.

Le *mardi* 31 *mai*, *à* 17 *heures*, après la séance de l'Académie de Médecine, la famille de Vulpian et les adhérents au Centenaire se sont rendus 24, rue Soufflot, devant la maison où est mort Vulpian et ont assisté à l'inauguration intime de la plaque commémorative apposée sur cette maison grâce à la bienveillance de M. le Professeur PIEDELIÈVRE (de la Faculté de Droit). Cette plaque porte l'inscription suivante :

VULPIAN

Professeur à la Faculté de Médecine
Secrétaire perpétuel de l'Académie des Sciences
né à Paris le 5 *janvier* 1826
est mort dans cette maison le 18 *mai* 1887.

SÉANCE D'OUVERTURE

DE LA VIIIe RÉUNION NEUROLOGIQUE INTERNATIONALE

Le Mercredi 1er juin 1927, à 9 heures.

Discours de M. le Professeur ROUSSY, Président de la Société de Neurologie de Paris.

Mesdames, Messieurs,

La Réunion neurologique de cette année s'ouvre sous des auspices particulièrement heureux.

La Neurologie française commémore à nouveau le souvenir d'un de ses grands ancêtres.

Il y a deux ans, elle faisait revivre le souvenir de Charcot. Aujourd'hui elle vous convie à célébrer la mémoire de Vulpian.

Charcot et Vulpian, dès le début de leurs études, et dans toute leur carrière, ont suivi des voies parallèles ; ensemble on les retrouve comme internes à l'hôpital de la Pitié, comme médecins des hôpitaux à l'hospice de la Salpêtrière, comme professeurs à la Faculté, à l'Académie de Médecine, enfin à l'Institut.

Nous les comptons l'un et l'autre au premier rang des fondateurs de la Neurologie moderne, des zélateurs de la méthode anatomo-clinique.

Il était de notre devoir, à nous les héritiers du patrimoine de ces deux savants, d'unir leurs noms dans notre souvenir et de rendre aujourd'hui à Vulpian l'hommage qui lui est dû.

Des Maîtres, des Collègues éminents ont rappelé hier à la Faculté, à l'Académie, l'œuvre physiologique et expérimentale de Vulpian ; mais la Société de Neurologie n'a point encore fait entendre sa voie. « Noblesse oblige », dit pourtant un de nos vieux proverbes français.

Si notre Société n'est point encore une vieille dame (ne célébrait-elle pas il y deux ans l'anniversaire de ses 25 ans), elle a acquis néanmoins ses titres de noblesse. « La noblesse d'une science, dit Malebranche, se tire de la noblesse de son objet. »

Celui qui a l'honneur — et j'ajouterai la joie — de présider cette Réunion sera donc autorisé à discourir quelque peu sur l'œuvre du savant dont nous fêtons le centième anniversaire.

Votre président n'a-t-il pas la lourde tâche d'occuper la Chaire dont Vulpian fut le second titulaire ?

Ne doit-il pas une grande partie de sa formation scientifique à Dejerine, l'un des élèves préférés de Vulpian ?

Permettez-moi donc d'évoquer un souvenir. Il remonte aux premières années de mes études ; il a pour cadre l'un des pavillons de cette vieille et noble Salpêtrière où Dejerine avait installé son laboratoire et son cabinet de consultations, modestes locaux où de nombreuses générations neurologiques ont été formées, et d'où sont sortis tant de travaux qui illustrent les noms du Professeur et de Mme Dejerine.

Au-dessus de la porte du laboratoire, une photographie rompait seule la monotonie des murs : celle de Vulpian auquel Dejerine vouait un culte profond et dont il se plaisait à dire : « Vulpian savait inculquer à ses élèves l'amour de la recherche et des travaux originaux, leur laissant pleine et entière liberté dans leurs appréciations, à la seule condition qu'elles fussent basées sur des faits rigoureusement observés. »

A l'école de Dejerine, on était à l'école de Vulpian.

Si Vulpian fut avant tout un expérimentateur et un physiologiste, il ne le fut point de façon exclusive. Clinicien et médecin averti, il s'adonna de bonne heure aux recherches morphologiques, et l'un des premiers en France il comprit l'intérêt de l'anatomie pathologique.

C'est cette double orientation de Vulpian, physiologiste et anatomo-pathologiste, que je voudrais essayer de mettre ici en lumière, parce qu'elle me semble avoir été un peu laissée dans l'ombre, et aussi parce qu'elle répond à une idée qui m'est chère et que je crois juste : l'étude de la forme ne pouvant être séparée de celle de la fonction.

La tendance à étayer les données de l'observation expérimentale et clinique sur les bases de l'anatomie pathologique se retrouve, disons-nous, dans toute la carrière scientifique de Vulpian ; elle apparaît manifestement dans son œuvre physiologique et neurologique.

Lorsque Cruveilhier prit sa retraite, après avoir occupé la Chaire d'anatomie pathologique pendant 35 ans, on se trouvait en France dans une situation particulière. Avec lui, l'Anatomie macroscopique venait d'être élevée aux plus hauts sommets. Cependant, une révolution venait de s'accomplir en Allemagne. Virchow avait fondé la pathologie cellulaire ; et Cruveilhier, alors sans doute trop âgé, n'avait pu s'adapter à ces méthodes nouvelles.

Il appartint à Vulpian d'accomplir cette réforme. Seul, parmi les agrégés de son temps, il était préparé à cette tâche. Au sortir de l'internat, alors qu'il poursuivait ses expériences avec Philippeau dans le laboratoire de Flourens, ne s'était-il pas initié déjà aux recherches microscopiques, alors peu en usage chez nous ? Digne émule de Bichat et de Laënnec, n'avait-il pas compris, dès l'aube de sa carrière, l'intérêt que l'on pouvait tirer de l'étude systématique des autopsies ?

« Quant aux autopsies, c'est splendide (écrivait à sa mère Dejerine, alors jeune élève chez Vulpian). Chaque autopsie dure au moins une heure ; nous en avons en moyenne trois par semaine. Comme tu vois, je pourrai apprendre mon anatomie pathologique aussi bien, sinon mieux, que ma clinique. De plus, Vulpian examine au microcsope. C'est un homme de science en un mot. »

Vulpian fut nommé professeur le 9 février 1867. Mais la ratification de cette présentation par le Conseil académique n'alla pas sans des difficultés sérieuses, et Vulpian n'obtint qu'une voix de majorité. On avait à l'époque, en haut lieu, l'esprit conservateur : les idées développées par Vulpian, dans son cours au Muséum et dans ses écrits, sur les fonctions cérébrales supérieures, paraissaient subversives. Accusé de matérialisme, il fut l'objet de violentes attaques de la part de Mgr Marel, évêque de Sura ; une pétition adressée au Sénat contre le choix de la Faculté fit grand bruit. Mais Vulpian sut tenir tête à l'orage et monta dans sa chaire aux applaudissements de son auditoire.

Bien qu'il n'occupât que pendant six ans la chaire d'anatomie pathologique, il trouva le temps d'y faire une œuvre utile, et son cours, dans lequel il témoignait d'une vaste érudition, eut un succès retentissant.

Lorsque, à la retraite de Brown-Séquard, Vulpian passa à la chaire de pathologie expérimentale et comparée, Charcot fut nommé professeur d'anatomie pathologique.

Vulpian et Charcot, voilà deux noms inscrits l'un près de l'autre au fronton de la chaire d'anatomie pathologique de Paris, comme ils le sont à celui de ce vieil Hospice de la Salpêtrière, temple de la Neurologie, où sont venus et viennent encore chaque jour, en pèlerinage, les neurologistes du monde entier.

Mais ne l'oublions pas, Messieurs, la Salpêtrière ne fut pas seulement une grande école neurologique ; elle fut aussi une grande école anatomo-pathologique.

N'est-ce pas à sa source qu'ont puisé plusieurs des maîtres de l'anatomie pathologique française ?

N'est-ce pas ici que se sont formés les plus grands de ceux qui, à Paris, ont enseigné l'anatomie pathologique : les Cruveilhier, les Vulpian, les Charcot, et, plus près de nous, les Pierre Marie ?

Charcot et Vulpian, voilà encore deux noms inscrits en tête de nombreuses notes, publications ou mémoires parus à la Société de Biologie, dans les *Archives de Physiologie normale et pathologique*, et dans les journaux du temps.

A Vulpian, comme à Charcot, revint le mérite de perfectionner et de compléter l'œuvre commencée par Duchenne (de Boulogne) ; d'approfondir l'étude clinique et anatomo-pathologique de l'ataxie locomotrice, de démontrer le rôle joué par les cellules des cornes antérieures de la moelle dans les atrophies musculaires, de préciser le mécanisme des hémorragies méningées et la part prise par les vaisseaux dans le ramollissement cérébral, d'édifier l'entité nosographique de la sclérose en plaques, de mettre en valeur les caractères cliniques de la paralysie agitante.

La marque de cette intime collaboration se retrouve d'ailleurs dans maints écrits de ces deux savants :

« Lorsque, dit Vulpian, je fus appelé à prendre la direction d'un service à l'Hôpital de la Salpêtrière, en même temps que M. Charcot, aujourd'hui mon collègue à la Faculté de Médecine, notre attention se porta d'une façon toute spéciale sur les affections de la moelle épinière. Nos élèves nous secondèrent avec ardeur et entreprirent aussi, sous notre direction, des études persévérantes sur ces affections. Ces efforts combinés n'ont pas été stériles.

« L'ensemble de ces recherches et de celles qui ont eu pour objet la pathologie du bulbe rachidien et de l'encéphale a souvent été désigné soit en France, soit à l'étranger, sous le nom de travaux de l'Ecole de la Salpêtrière. »

Et Charcot, à qui incomba la mission de parler au nom de l'Institut sur la tombe de Vulpian, de s'exprimer ainsi :

« Je rencontrai Vulpian pour la première fois, il y a trente-sept ans de cela, à l'hôpital de la Pitié, où nous venions l'un et l'autre exercer les fonctions d'interne. Parisiens tous les deux, nous entrions dans notre vingt-cinquième année. Une parfaite communauté de sentiments, d'idées, de tendances et jusqu'aux difficultés de l'existence qui nous étaient communes, nous avaient bien vite rapprochés ; ce fut pour la vie. »

Vulpian fut un anatomo-pathologiste dans toute l'acception du terme. Digne successeur de Cruveilhier, il se rallie, comme Charcot, à la grande doctrine anatomo-clinique française, fondée par Laënnec dont il se réclame d'ailleurs comme l'un de ses disciples.

Arrêtons-nous à quelques-uns de ses travaux en anatomie pathologique, et d'abord aux recherches « sur les réactions propres à la substance des capsules surrénales » dans lesquelles Vulpian découvre l'affinité spéciale des cellules médullaires pour les sels de chrome, et prévoit ainsi, grâce à l'histo-chimie, la fonction endocrinienne de cette glande.

Je passe sur ses études qui concernent l'histologie pathologique de certaines affections cutanées (de l'éléphantiasis, de l'érysipèle, des pustules de la variole), de l'endocardite ulcéreuse, des cristaux particuliers trouvés dans le sang des leucémiques, des altérations de l'épithélium du poumon tuberculeux, des cirrhoses du foie, de l'ossification de la faux du cerveau, pour retenir la communication faite par Vulpian, à la Société médicale des hôpitaux en 1861, sur l'Anatomie pathologique des granulations grises, parce que ce travail marque une étape dans l'histoire de la tuberculose.

On était sous l'instigation de Virchow, en pleine réaction contre l'œuvre de Laënnec; l'unicité de la tuberculose était fortement battue en brèche et l'on opposait les lésions tuberculeuses nodulaires aux infiltrations caséeuses. Vulpian, presque en même temps que Villemin, montre que les granulations ne sont pas un produit morbide distinct du tubercule, mais qu'elles en constituent la première phase du développement. Au nom de l'histologie pathologique, il proclame que rien ne s'oppose à ce que l'on considère la tuberculinisation générale aiguë comme une des formes de la tuberculose.

Je signalerai encore la monographie de Vulpian sur les pneumonies secondaires, qui fit l'objet de sa thèse d'agrégation ; et dans laquelle il établit que la pneumonie franche est rare, alors qu'au contraire la pneumonie bâtarde, l'état fœtal, les pneumonies lobulaires et la splénisation sont fréquents.

Et j'arrive aux recherches de Vulpian sur l'histologie pathologique des altérations séniles des muscles et des os. Avec Charcot, il décrit l'ostéomalacie sénile, dont il fait une étude histologique complète. Seul, il étudie les altérations primitives des muscles chez le vieillard et montre qu'elles sont indépendantes de toute atteinte des nerfs et de la moelle épinière.

Il y aurait encore à rappeler la série de ses travaux sur l'anatomie neurologique : étude des lésions des muscles et de la moelle dans l'atrophie de l'enfance, des altérations de la moelle épinière à la suite d'amputation des membres, de l'atrophie primitive cérébelleuse et de l'hémiplégie cérébelleuse, des néo-membranes de la dure-mère et des hémorragies méningées, du ramollissement cérébral, travaux auxquels j'ai déjà fait allusion.

Dans toutes ces recherches, on retrouve, à chaque pas, la marque d'une fine observation morphologique qui est l'un des caractères dominants de l'œuvre scientifique de Vulpian.

MESSIEURS,

Certains esprits chagrins trouveront sans doute que nous abusons en France des cérémonies commémoratives ; ne voyant là que matière à discours, à joutes oratoires.

Mais tous les pays, toutes les nations, n'ont-ils pas le devoir d'honorer leurs gloires scientifiques ?

Les hommes de ma génération ne pouvaient oublier que dans leurs jeunes années, ils ont eu pour les éclairer et les conduire la pléiade des élèves de Charcot et de Vulpian, les étoiles qui ont nom : Raymond, les Dejerine, Brissaud, Pitres, Ballet, Pierre Marie, Babinski, Letulle, Souques, Henri Meige.

A ces noms ils ne sauraient omettre de joindre ceux des grands neurologistes étrangers : des Ferrier, des Waller, des Wernicke, des Erb, des Forrel, des Golgi, et de tant d'autres qui ont apporté chacun une pierre à ces « assises de l'édifice éternel de la vérité », dont parle Renan.

Le culte du passé n'est-il pas une religion commune à tous les peuples, à toutes les races, à toutes les doctrines, à toutes les sciences ? — Ne fut-il point en honneur dans tous les temps ? N'est-ce pas ainsi que se forme la ligne continue de la civilisation qui enchaîne tous les pays, le long de tous les siècles ?

Ne soyons donc point des fils ingrats.

Nous ne devons pas et nous ne pourrions pas d'ailleurs briser la chaîne qui, dans tous les domaines, relie hier à aujourd'hui et reliera aujourd'hui à demain.

« Que chacun examine ses pensées, — dit Pascal, — il les trouvera toutes occupées au passé et à l'avenir. Le passé et le présent sont nos moyens ; le seul avenir est notre fin. »

BANQUET DU MARDI 30 MAI 1927

Offert aux délégués étrangers

Aux cérémonies des centenaires de PINEL et de VULPIAN

SOUS LA PRÉSIDENCE DE M. LE PROFESSEUR CH. RICHET

Membre de l'Institut.

A ce banquet assistaient, en outre des délégués, les Représentants des Ministres, du Conseil municipal, du Conseil général, du Préfet de la Seine, du Préfet de Police, du Service de Santé militaire, les Membres des Comités d'Honneur, les Membres des Sociétés de Neurologie, de la Société Médico-Psychologique, de la Société de Psychiatrie, de la Société clinique de Médecine mentale et de nombreux adhérents.

Après une allocution de M. le Pr Henneguy, président du Comité du Centenaire de Vulpian, les discours suivants ont été prononcés :

Discours de M. René SEMELAIGNE, président du Comité du Centenaire de Pinel.

L'an dernier, au Congrès des médecins aliénistes et neurologistes de France et des pays de langue française, je rappelais l'union intime et désormais indissoluble de la neurologie et de la psychiatrie. Votre présence ici ce soir n'en est-elle pas une preuve vivante ? Je n'ai pas connu personnellement Vulpian, mais un de mes premiers maîtres comptait parmi ses élèves les plus aimés. Lorsque je débutais comme externe à la Charité, chez le professeur Hardy, le chef de clinique était Dejerine, et l'élève le plus assidu du service, dont l'exemple nous incitait tous au travail, était celle qui devait devenir sa compagne et sa grande collaboratrice. Il m'est doux d'évoquer un passé lointain, dont le souvenir me reste cher.

La vie de Pinel nous montre l'influence que peuvent exercer sur une destinée les événements et le milieu. Quand, après de solides études à Toulouse et à Montpellier, il arriva à Paris, son intention n'était pas de s'y établir, mais d'acquérir des connaissances nouvelles. Sans appui, il se jugeait trop jeune pour réussir. D'ailleurs ses goûts étaient modestes, il n'avait aucune ambition, et certaines intrigues, dont il fut témoin, répugnaient à sa loyauté. « Je trouverai toujours, écrivait-il à un de ses frères, le bonheur en moi-même, et les vues de fortune seront subordonnées au plaisir d'être utile. » En attendant, il fallait vivre, et le géomètre Cousin lui procura des leçons de mathématiques. Frappé de son aptitude pour les sciences, il l'engageait même à s'y consacrer entièrement, et l'assurait, s'il suivait ses conseils, d'une brillante carrière. Mais, pour Pinel, la profession médicale était belle entre toutes. Il redoutait pourtant la pratique de cet art qui, disait-il, « décide souvent sans appel de la santé et de la vie ». Aussi, pour l'exercer plus sûrement, il fréquentait avec assiduité les hôpitaux.

Une situation avantageuse lui fut proposée en Amérique, offre due sans doute à ses relations avec Franklin, qu'il avait connu dans le salon de Mme Helvétius, mais, après mûre réflexion, il préféra rester à Paris ; ses préventions premières contre la capitale s'étaient dissipées. Quelques amis lui ayant demandé de soigner des personnes de leur famille, il se révéla observateur sagace, habile thérapeute, hygiéniste avisé, et peu à peu la clientèle vint à lui. Ce sont encore des amis, conscients de sa valeur, qui le firent nommer médecin de Bicêtre, professeur à l'Ecole de santé. Ainsi, ayant borné ses désirs à une vie simple et studieuse, il parvint à la renommée sans l'avoir cherchée.

D'une nature aimante et douce, d'un abord plutôt timide, Pinel semblait peu fait pour la lutte. Il montra pourtant, aux heures difficiles, une énergie rare, et fut, en toutes circonstances, sans peur et sans reproche. A une époque où tant d'autres prenaient le masque de la sagesse, proclamaient la vertu, il préféra la pratiquer, et jamais il ne se fit le complice des méchants. Heureux parmi nos fils, ceux qui suivront sa trace, ceux qui sauront aussi mener une vie probe et droite, secourir les misères, soulager les douleurs, servir l'humanité, et, comme lui, rester toujours fidèles aux traditions qui font les peuples forts : l'union dans la famille, la paix dans la cité, la foi dans la patrie.

Discours de M. le Professeur ROUSSY, au nom de la Société de Neurologie.

Monsieur le Président,
Mesdames, Messieurs,

Comme tous les ans, notre Société réunit les membres proches et lointains de la Famille neurologique internationale ; et, comme tous les ans, ceux à qui incombe la garde des saines traditions ont pris le soin de satisfaire aux besoins du corps, ainsi qu'à ceux de l'esprit.

Mais, au risque de mériter les reproches des défenseurs vigilants des conventions, les organisateurs de ces fêtes, peut-être en quête de popularité, ont cru bon de flatter les appétits matériels avant que de satisfaire aux pures exigences intellectuelles.

Et voici pourquoi notre 8e Réunion neurologique s'ouvre par un banquet.

Serait-ce la marque d'un esprit de révolte ou d'une humeur d'indépendance de la part de certains des membres de votre Comité ? Je m'adresse à ceux qui auraient pu croire à l'influence d'un Président quelque peu autoritaire.

Serait-ce plutôt le souci d'éviter que les meilleurs de nos champions ne cèdent trop vite aux charmes enveloppants de « l'endormissement » ou ne se perdent, pris de « vertige », dans quelque labyrinthe inextricable ? Nullement.

Allons-nous alors, tels les disciples de la doctrine platonicienne, célébrer, en un Banquet symbolique, la victoire poétique d'un Agathon et discourir sur les principes et les vertus de l'amour ? Pas davantage.

A ce banquet, où des convives appartenant à des familles alliées à la nôtre, sont venues s'asseoir à la table commune, il s'agit d'évoquer, et la tombe glorieuse d'un Pinel et le berceau auréolé d'espoir d'un Vulpian.

Cette même année qui vit mourir un grand aliéniste et naître un grand neurologiste, n'évoque-t-elle pas dans notre esprit cette image de la vie que l'immortel Lucrèce, en souvenir des Panathénées, compare au flambeau que, dans le stade, les hommes se transmettent de mains en mains en courant dans la nuit ?

Allégorie bien connue, mais symbole plein de philosophie qui nous incite à méditer sur la façon dont le passé prépare l'avenir, alors que les générations se font entre elles la courte échelle dans la marche vers l'idéal sommet, vers le but difficile à atteindre et dont la poursuite est le plus noble et le plus sain des enivrements de l'esprit.

A cet enivrement... de l'esprit, je vous convie, Messieurs, à vider votre verre.

Discours de M. LEROY, au nom de la Société Médico-Psychologique.

MESSIEURS,

M. Legrain, président de la S.M.P., ne peut se trouver ce soir avec nous. Il m'a chargé de vous exprimer tous ses regrets et de le remplacer en qualité de vice-président.

Les cérémonies solennelles qui nous réunissent en ce moment à l'occasion des centenaires de la mort de Pinel et de la naissance de Vulpian, constituent un éclatant hommage rendu à la mémoire de deux hommes, dont les rares qualités de travail et d'intelligence, l'élévation des caractères, la noblesse des vertus ont honoré l'humanité

Lorsque Pinel eut pris son service à Bicêtre, on peut penser à la souffrance éprouvée par cet homme de bien, à la vue de tant d'infortune. « Les grandes actions viennent du cœur », a dit Vauvenargues. La bonté native de l'aliéniste devait logiquement provoquer la réforme.

Elle ne fut pas seulement un mouvement de charité, mais une décision mûrie, raisonnée, prise après réflexion.

Nous sommes en 1793 : la Terreur règne sur la France. Voici qu'un homme doux, modeste, timide, élève la voix pour demander, même au péril de sa vie, qu'on veuille bien lui permettre d'enlever les chaînes retenant au fond de leur loge les infortunés privés de leur raison.

« Citoyen, lui dit le terrible Couthon, j'irai demain à Bicêtre te faire une visite, mais malheur si tu nous trompes, et si, parmi tes insensés, tu recèles des ennemis du peuple. »

Vous connaissez tous la scène fameuse tant de fois évoquée, jour mémorable parmi les jours où l'aliéné était enfin élevé à la dignité de malade avec toutes les conséquences scientifiques et sociales.

Pinel n'est pas seulement un grand philanthrope, naturaliste, mathématicien, encyclopédiste, lettré délicat dont le style nerveux et concis rappelle la précision de Tacite, son influence scientifique domine le commencement du XIXe siècle. Il crée une méthode médicale rationnelle, en négligeant les théories pour s'appliquer à l'étude des faits, recueille des observations cliniques. Cet homme, grand par le cœur et par l'esprit, doit être considéré comme le précurseur et le fondateur de la psychiatrie moderne, restée si longtemps une science française et qui — nous pouvons le proclamer hautement — n'a pas dégénéré dans notre pays. C'est sous son influence que naquit cette école de la Salpêtrière, qui porta au loin la renommée des maîtres : Esquirol, Ferron, J.-O. Falret, Baillarger.

Voici un siècle que Pinel s'est endormi, chargé d'années et d'honneurs. A l'encontre de tant de réputations usurpées, qui n'ont pu résister à l'épreuve du temps, son nom est universellement connu et vénéré ; sa mémoire est restée vivante et pure comme celle du sage.

Aujourd'hui, c'est l'apothéose. Toutes les nations sont venues, en un pieux pèlerinage, apporter des fleurs au pied de la statue du Libérateur des aliénés. D'autres siècles s'écouleront et les enfants de nos enfants se réuniront aussi devant les portes de la vieille Salpêtrière, pour renouveler notre geste, dans une même pensée de reconnaissance et d'admiration pour le grand ancêtre.

L'année même de la mort de Pinel, naissait Vulpian, dont les travaux ont fondé la pathologie cérébro-spinale au point de vue clinique, anatomique et expérimental, œuvre immense qui a déjà porté de nobles fruits et dont les conséquences sont incalculables au point de vue neurologique et psychiatrique. Comme Pinel, Vulpian était un homme de devoir, un esprit modeste, sage, passionné pour le bien.

Les Sociétés de Biologie, de Neurologie et de Psychiatrie ont voulu unir ces deux hommes dans un commun hommage universel : la Neurologie et la Psychiatrie ne sont-elles pas les deux sœurs ?

Leur invitation a été entendue et c'est avec une légitime fierté que nous nous voyons tous réunis ici, médecins étrangers et français, dans une même communion intellectuelle et morale. Honneur à Pinel et à Vulpian qui ont su faire l'union fraternelle des savants de tous les pays, dans une glorification si magnifique et si touchante de la Science et de l'Humanité.

Discours de M. le Professeur SOMMER, au nom de l'Allemagne.

Mesdames et Messieurs,

L'œuvre de Philippe Pinel synthétise les plus nobles idées du XVIIIe siècle : Liberté et Humanité. L'action de ces principes immortels s'est prolongée, à l'époque contemporaine, sous le nom d'hygiène mentale.

Je fais le vœu que le développement de ce mouvement continue à progresser selon l'esprit de Pinel.

Je vous adresse nos remerciements très cordiaux pour votre si aimable invitation et nous buvons à la prospérité de vos sociétés de Neurologie et de Psychiatrie.

Pr Dr R. Sommer.
De la Ligue allemande d'Hygiène mentale.

Discours de M. Von ECONOMO, au nom de l'Autriche.

Mesdames et Messieurs,

Nous avons été très flattés d'être invités aux fêtes commémoratives de Pinel et Vulpian. Nous sommes accourus avec plaisir pour fêter avec vous ces deux génies. La Neurologie et la Psychiatrie française sont un ciel étoilé d'astres merveilleux qui ont répandu leur lumière par tout le monde. On trouve des élèves de ces illustres maîtres du passé dans tous les pays. Mais ce qui nous a charmé plus encore, c'est d'avoir de nouveau trouvé et rencontré à Paris toute une lignée ininterrompue de neurologistes et d'aliénistes qui garantit la continuation de cette grande tradition. C'est à la prospérité de ces collègues, au succès mérité de leur travail et de leur œuvre que je lève mon verre.

Discours de M. le Dr VERWAECK, Représentant du Gouvernement belge.

J'ai l'agréable privilège de prendre la parole au nom des délégués belges et qu'il me soit permis d'être aussi l'interprète de nos collègues, empêchés de se joindre à nous, pour commémorer, avec ferveur et émotion, le souvenir de ces nobles et grandes figures de la Médecine française, Vulpian et Pinel.

Le Gouvernement belge a considéré comme un devoir de s'associer à l'hommage d'admiration et de reconnaissance rendu en ces jours à la mémoire de ces bienfaiteurs de l'Humanité.

C'est du fond du cœur que je vous exprime nos sentiments de sympathie, d'affection et de gratitude pour l'accueil si cordial que vous nous avez réservé et pour toutes les attentions dont nous avons été l'objet en ces heures inoubliables.

Problème psychologique intéressant que d'analyser l'impression agréable que, médecins belges, nous ressentons, en venant au milieu de vous.

Certes, des affinités profondes de sentiments et de tendances nous portent, — d'instinct en quelque sorte, — à venir nous instruire, dans vos cliniques et vos laboratoires et à recueillir de précieuses leçons d'observation et de méthode scientifique dans cette brillante Ecole de Médecine qui perpétue les traditions des grands Maîtres de la science française.

Mais il y a plus — et dois-je vous le répéter — nous rencontrons dans ce pays, qui nous est cher à tant de titres, des sympathies si cordiales, nous nous sentons avec vous, dans une si intime communion d'idées, — tant dans le domaine scientifique que dans l'ordre moral et social — que bientôt naît et se développe cette impression d'affection sincère et confiante, qui crée autour de nous une vraie atmosphère familiale, et nous donne bien le sentiment de n'avoir pas quitté la Patrie.

Aussi revenons-nous si volontiers, dans ce beau pays de France, assister aux réunions de vos Sociétés scientifiques et y participer, dans la mesure de nos modestes moyens, aux travaux de vos Congrès.

Ce sont tous ces sentiments d'amitié, d'admiration et de reconnaissance que très imparfaitement j'ai essayé de vous traduire au nom de tous mes collègues. Nous emporterons un souvenir charmant et ému de votre affectueux accueil de ce soir.

Discours de M. le Dr VIGGO CHRISTIANSEN, au nom du Danemark.

Très honorés Collègues,
Mesdames et Messieurs,

Si vous vous asseyez tranquillement — quelquefois même très tranquillement — soit sur le quai de Port-Saïd, soit à la gare de Charing Cross, Kipling vous a promis de trouver un beau jour celui que vous cherchez.

Les Réunions et les Congrès annuels des différentes Sociétés médicales françaises ont sensiblement simplifié les choses pour les médecins. Elles ont rapproché, non seulement l'Occident du Proche Orient, mais du monde entier. Un médecin, à quelque partie du monde qu'il appartienne, ne pourrait manquer de rencontrer n'importe lequel de ses confrères, s'il assistait fidèlement aux Réunions de ces Sociétés. Ces Réunions, si pleines d'attraction et de charme, nous communiquent un sentiment d'altruisme, nous trouvant en plein milieu du corps médical mondial.

C'est un corps plus libre, plus intimement lié, plus international que toutes les organisations socialistes et communistes des ouvriers du monde entier.

Et nous le sommes, parce qu'avant tous les autres laboureurs de la vie, nous sommes appelés à remplir les plus hautes exigences de l'homme, c'est-à-dire nous sommes appelés à servir : servir la science qui nous inspire et qui nous console ; servir tous ceux qui souffrent, qui sont malades et malheureux ; servir le progrès de la civilisation ; servir l'humanité dans son effort pour rendre plus belle, plus saine, plus heureuse cette terre où nous passons quelques moments fugitifs de l'éternité.

Je lève mon verre en l'honneur du corps médical international. Et je vous prie d'accepter mon toast. Je vous en prie, parce que vous êtes Français, et parce que vous représentez pour le moment trois des Sociétés scientifiques françaises les plus illustres.

Nous autres, médecins étrangers, avons toujours fidèlement suivi le sillon brillant tracé par les grands Maîtres français, qui ont illuminé la science médicale internationale par leur génie, par leurs œuvres, par la haute dignité de leur caractère et de leur personnalité.

Discours de M. le Dr ABDULLAH LOUCA, au nom de l'Egypte.

L'Association médicale égyptienne que j'ai l'honneur de représenter dans cette assemblée, amie de la France et reconnaissante à ses grands hommes, s'unit avec vous pour célébrer le centenaire de la mort de Pinel et celui de la naissance de Vulpian.

L'Egypte entière n'oubliera jamais les œuvres des savants français. Plusieurs d'entre ces savants se sont spécialement dévoués pour elle : Jean-François Champollion, qui fut le premier à déchiffrer les hiéroglyphes et qui mit ainsi à découvert le secret des Pharaons ; Auguste-Edouard Mariette Pacha, créateur du musée de Boulaque et de la Faculté égyptienne de médecine ; Ferdinand de Lesseps, qui perça le canal de Suez et qui fit de l'Egypte un carrefour mondial et bien d'autres Français non moins illustres sont, pour l'Egypte, des personnes inoubliées et inoubliables.

Personnellement, devant toute mon instruction à la France, je me fais un devoir de lui exprimer, en cette occasion solennelle, mes sentiments de sympathie et de gratitude.

Discours de M. le Dr RODRIGUEZ ARIAS, au nom de l'Espagne.

MESDAMES,
MONSIEUR LE PRÉSIDENT,
MESSIEURS,

Pinel psychiatre, Vulpian physiologiste... ! Il est question, je crois, dans ce moment si spécial, de parler tout au moins, de l'accueil chaleureux que vous dispensez toujours aux étrangers, de votre courtoisie, d'ailleurs tout à fait française.

Vous avez eu de très bons médecins, de véritables maîtres, ces maîtres qui ont conquis une réputation universelle, mais vous comptez, en plus, avec des professeurs incomparables des organisations collectives, toute finesse, toute délicatesse, des réceptions vraiment cordiales.

Je voudrais bien, maintenant, vous montrer le fond de notre cœur absolument entier, qui vibre sans cesse, comme le vôtre, devant les traditions légitimes, ainsi que du bon progrès.

Mais, malheureusement, je ne m'exprime pas assez bien en français, cette langue magnifique à tous les points de vue.

C'est pour cela que je termine ces mots en vous disant en espagnol : Gracias, muchas gracias, vuestra alegria es la nuestra... Al fin y al cabo somos amigos inseparables, verdaderos hermanos.....

Discours de M. le Dr C. HUBERT BOND C. B. E, au nom de l'Angleterre.

Il a été dit, et avec raison, que les grands hommes sont les fanaux et les points de repère de l'Etat ; et en rendant hommage périodiquement à leur mémoire, nous donnons tout au moins preuve de notre faculté de discernement. Même s'il est vrai que, dans le cours des temps, la philosophie d'un grand homme surpasse l'image de son génie et de sa personnalité, il importe peu en choisissant la date d'un centenaire, que ce soit la date de sa naissance, comme maintenant dans le cas du célèbre Vulpian ; ou bien la date de sa mort, comme ici aussi dans le cas de l'illustre Pinel ; ou enfin que nous fassions revivre le souvenir de quelque événement associé au génie de notre héros, comme ce fut le cas à York, l'année dernière, pour rappeler la grande œuvre de William Tuke.

Quel que soit leur sujet, les célébrations de centenaires remplissent un important et double but. Au point de vue professionnel et sérieux, elles nous permettent de tenir le doigt d'une manière critique sur le pouls du progrès et nous stimulent, sinon à créer, tout au moins à rester dans l'état de grâce et de chasser le pessimisme. Quant à Pinel — puis-je dire *notre* Pinel — s'il faut avouer que ce n'est qu'à Edimbourg que nous avons un monument en pierre érigé à sa mémoire, nous Britanniques, si on nous en fait le reproche, nous pouvons au moins montrer l'épitaphe : *Si monumentum requiris, circumspice*, et nous pouvons réclamer comme monument en son honneur le fait qui, plus que tout autre, luirejouissait le cœur, — le fait que dans tous nos hôpitaux pour les maladies mentales, les chaînes ainsi que tout ce qui y ressemble, ont été frappées d'anathème et expulsées. Mais assurément de cette assemblée internationale sort une pensée qui doit prédominer dans nos esprits — j'entends la valeur réelle de se rencontrer avec des représentants d'autres nations et d'apprendre à les connaître, et l'impulsion irrésistible vers le bien, que la découverte de l'unité de la pensée et du but est capable de nous donner. Le quatrain de Longfellow :

« **Not chance of birth or place has made us friends,
Bring oftentimes of different tongues and nations,
But the endeavour for the seld-same ends,
With the same hopes, and fears, and aspirations.** »

semble sonner en parfait unisson avec la pensée que nous conserverons quand nous nous séparerons et rentrerons dans nos patries respectives.

Mais le côté moins professionnel et moins sérieux de ces fêtes est en réalité tout aussi important et l'est quelquefois même davantage. Elles nous rapprochent et nous permettent de consolider à nouveau les vieilles amitiés et à en faire de nouvelles. D'autre part, elles sont aussi susceptibles de nous imposer une tâche ardue qui ne saurait jamais être plus dure qu'à cette occasion, celle de trouver des mots pour exprimer nos remerciements pour la très grande bonté et l'hospitalité généreuse de votre accueil. Le hasard a voulu que ce fussent les hommes auxquels Pinel enleva d'abord les chaînes. En cette occasion, mettons les dames au premier rang, et qu'elles nous permettent de leur dire combien leur présence a contribué au grand succès de cette réunion. Pour tout ce que je voudrais ajouter, je vous prie d'accepter l'intention pour le fait et de me permettre d'exprimer le souhait que, la prochaine fois que nous célébrerons un centenaire d'un intérêt mutuel, tous ceux d'entre vous présents ici aujourd'hui y assisteront et nous accorderont l'occasion d'exprimer en actes la gratitude que je ne puis ici exprimer en paroles qui me manquent.

Discours de M. le Dr HAMILTON MARR, au nom de l'Ecosse.

Messieurs,

Je me sens, en ce moment, dans la même position que Panurge d'immortelle mémoire.

Un matin, il sortit comme cela lui arrivait souvent, les poches presque vides. Tout en visitant les églises de Paris, il trouva moyen en déposant une petite pièce dans le tronc d'en retirer une plus grosse. De cette façon il rentra chez lui les poches bien garnies et de pauvre qu'il était, il est devenu riche.

Quant à moi, Messieurs, ce ne sont pas vos églises que j'ai visitées, bien que j'en admire la superbe ordonnance, mais vos hôpitaux et vos institutions scientifiques où l'on puise toujours des faits nouveaux, des idées géniales destinés à nous ouvrir des horizons plus étendus.

Je vous remercie, Messieurs, des paroles aimables que vous avez prononcées à mon égard.

Si j'ai pu faire faire un pas en avant dans ma spécialité, c'est ici à Paris que, jeune étudiant inconnu, j'ai puisé l'enthousiasme et les lumières qui m'ont indiqué ma voie. Depuis lors, je suis, avec un intérêt toujours croissant, les travaux de vos écrivains et de vos savants.

Ce n'est pas la première fois, Messieurs, que j'ai eu l'honneur d'être votre hôte et d'accepter votre gracieuse hospitalité dont je vous remercie sincèrement. J'ai beaucoup appris à Paris et, comme Panurge, je rentrerai chez moi (en Ecosse) plus riche que je n'en suis arrivé.

Discours de M. le Professeur PUSSEPP, au nom de l'Esthonie.

Quand le cœur parle, les mots manquent. Mais le cœur chez moi et chez nous et chez notre peuple, c'est le nom de France qui nous a aidés dans notre lutte pour notre liberté, accélère le pouls et le cœur bat plus vite. Je me rappelle qu'il y a 30 ans, mon vénéré maître, le prof. Bechterew, a consacré sa première leçon au grand Pinel et les idées de ce grand Français ont pénétré dans nos âmes et ont guidé notre travail. J'exprime le vœu, en levant mon verre, que les grandes idées des grands Français, que nous avons célébrés, que nous célébrons, et que nous célébrerons, réuniront nous tous, petites ou grandes nations, pour travailler, comme le grand Pinel a fait pour les fous, pour débarrasser les malades de leurs souffrances et pour propager les idées des grands Français.

Discours de M. le D. BOUMAN, au nom de la Hollande.

En représentant du Sénat, de l'Université d'Utrecht et parlant au nom du représentant du Sénat de l'Université de Groningue et aussi au nom de mes collègues Hollandais, je remercie les comités des centenaires de Pinel et de Vulpian beaucoup pour l'invitation d'assister au banquet.

On pourrait dire que ces hommes si célèbres n'appartiennent pas à une seule patrie, mais nous sommes jaloux de vous qu'ils ont été les représentants de la science française en particulier. Je suis convaincu que tous les médecins en Hollande, au moins, connaissent les noms de ces grands parmi les grands, mais les spécialistes en Psychiatrie et Neurologie connaissent de plus l'influence qu'ils ont eue sur le progrès en médecine.

Pinel qui ôta les chaînes aux aliénés, Pinel qui délivra les fous, ce sont des tableaux qui sont fixés dans notre mémoire, mais ce n'est que quand nous le voyons dans le cadre de son temps que nous comprenons pleinement la signification de son acte. Nous le voyons aussi comme l'auteur du *Traité médico-philosophique sur l'aliénation mentale* et ce livre n'en fait pas moins époque dans la science par les vues élevées qu'il renferme et les sages préceptes qu'on y trouve pour la première fois formulés relativement au traitement général et individuel, moral et médical des malades atteints d'aliénation mentale. Un trait de son caractère était la modestie, qui était d'abord désavantageuse pour sa carrière, mais c'est aussi le propre de la plupart des savants français et c'est pour cela qu'ils sont si respectés chez les collègues à l'étranger.

Vulpian, est connu chez nous par ses travaux sur la moelle, sur les altérations des cornes antérieures de la poliomyélite aiguë antérieure et surtout par des travaux sur le territoire de la physiologie expérimentale, les sections des nerfs, etc.

Les recherches de physiologie expérimentale de Vulpian et les applications de ses recherches à la solution des problèmes de la pathologie sont de grande importance.

La physiologie, de son côté, a dû chercher et a trouvé souvent dans les études cliniques des secours qu'elle eût demandés en vain aux expériences faites sur les animaux. Preuve décisive montrant avec la dernière évidence combien sont étroits les liens qui unissent la physiologie à la pathologie.

Chacun voit, dans ce genre de travaux, une source féconde et inépuisable de progrès, pour la science comme pour la pratique de la médecine.

Et aussi le célèbre Vulpian était connu pour sa modestie, et c'est pour cela que Pinel et Vulpian nous sont si chers. Nous avons si souvent le plaisir de constater la même vertu chez nos contemporains.

Je bois à la santé et à la prospérité des Sociétés françaises de Neurologie, de Psychiatrie et de Biologie.

Discours de M. le sénateur FANO, au nom de l'Italie.

MESDAMES ET MESSIEURS,

On m'a recommandé d'être très bref. Je le serai d'une façon intégrale Je parlerai pendant moins d'une minute.

Je me bornerai à vous dire qu'après ma Patrie, c'est la France que j'aime le plus. C'est, en effet, à la France que je dois une bonne partie de ma vie intellectuelle.

Nous, Français et Italiens, nous avons cultivé le même héritage, nous continuons à poursuivre cette culture méditerranéenne qui a éclairé et qui continue à éclairer le monde entier de beauté, de justice, de grâce, et d'une claire vision de la nature.

Soyons donc toujours amis, que notre amitié soit profonde et inébranlable pour le bien de nos deux pays et pour celui de l'humanité.

Viva la Francia, viva l'Italia unite !

Discours de M. le Professeur VOGT, au nom de la Norvège.

Le Gouvernement norvégien m'a donné le mandat d'exprimer les hommages les plus vifs pour ce noble citoyen de France, Pinel. Dans une œuvre sur la morale sans obligations, Goyau parle d'un tas d'obligations naturelles, mais il accentue surtout l'obligation professionnelle, qui paraît pénétrer profondément dans l'âme française. Pinel en est un exemple des plus clairs. Son courage, sa sagesse, sa bonté nous ont donné ce programme, ce drapeau, cette obligation de briser d'autres chaînes, celles de tous ceux qui souffrent mentalement. La prophylaxie mentale est un pas avancé dans cette direction Vive Pinel.

Discours de M. le Dr JARKOWSKI, au nom de la Pologne.

Ayant le grand honneur de représenter la Pologne aux solennités d'aujourd'hui, je crois de mon devoir de vous traduire fidèlement les sentiments du corps médical polonais, — sentiment dont j'ai pu m'assurer récemment encore lors de mon séjour à Varsovie.

La médecine polonaise, tout en étant éclectique et sachant puiser aux sources scientifiques de tous les pays, se tourne résolument vers la France, en ce qui concerne la direction générale, la méthode, l'idéal scientifique.

Ce qui nous attire dans la science française, c'est tout d'abord son caractère moral, social, humanitaire; c'est, d'autre part, sa méthode faite de clarté, de précision, de probité.

Ce caractère humanitaire de la médecine, — qui l'a jamais mieux fait valoir que Pinel, lui qui, envers les plus déshérités, sut remplacer la violence par la douceur, qui sut apporter de la bonté dans l'enfer des asiles ! Mais ce ne fut pas seulement œuvre de charité et de commisération ; pour la parfaire, il a dû imposer, à son entourage, à tout le personnel hospitalier, la domination de ces réactions violentes qui autrefois paraissaient si naturelles vis-à-vis des êtres dangereux et n'entendant pas raison. Dans son œuvre, Pinel a porté au plus haut degré, a appliqué au plus beau but, la *maîtrise de soi-même*, cette belle qualité de la race française !

Nous retrouvons le même idéal humanitaire chez cet autre Maître français, dont nous célébrons aujourd'hui le centenaire de naissance. Mais Vulpian représente pour nous en premier lieu le *grand savant* qui a si puissamment contribué à bâtir la médecine contemporaine sur des bases scientifiques inébranlables, qui a excellé entre tous par le désintéressement de son labeur, par la probité de ses recherches, par la clarté et la rigueur de ses méthodes, par la prudence de ses conclusions. Ces qualités de savant qui lui ont valu l'admiration de tous et une renommée mondiale, il a su les inculquer à ses élèves, dont il a formé l'esprit et le caractère. Et chacun parmi nous qui a eu le bonheur d'être l'élève d'un de ses élèves, au cours de ces journées, en écoutant l'éloge de Vulpian, a dû voir l'image de son propre Maître. Pour ma part, j'y ai reconnu celle de Babinski. Et je suis sûr que les élèves du Professeur Dejerine, à qui va aujourd'hui la pieuse pensée de nous tous, ont vu évoquée la mémoire de leur Maître vénéré ; ils y ont retrouvé aussi les qualités scientifiques de Mme Dejerine.

C'est là le secret de la grandeur de la science française : les Grands

Maîtres forment de Grands Elèves, qui deviennent des maîtres à leur tour.

Messieurs, je lève mon verre à cette belle tradition de la science française, à la Gloire de ses Maîtres d'hier, d'aujourd'hui et de demain !

Discours de M. le Dr J. NICOLESCO, au nom de la Roumanie.

MONSIEUR LE PRÉSIDENT,
MESDAMES ET MESSIEURS,

Emu, je présente les hommages de mes collègues roumains à la Science française et à des hommes éminents.

J'exprime les sentiments de reconnaissance pour l'hospitalité courtoise et traditionnelle que nous avons toujours eue en France.

Vous savez tous que, sur les bords du Danube, vit un peuple qui vous aime et qui vous est profondément attaché. Dans l'esprit de ce profond attachement du cœur et de la pensée je dis : Vive la France !

M. le Professeur Ch. RICHET
donne lecture du télégramme suivant :

Les noms de Pinel et de Vulpian sont l'orgueil de la France et de tout l'univers. En ce jour où les têtes de tous les psychiatres s'inclinent devant Pinel, acceptez les plus profondes salutations de la part du représentant de la psychiatrie russe.

Académicien BECHTEREW

Discours de M. le Professeur CHOROSCHKO, au nom de la Russie.

MONSIEUR LE PRÉSIDENT,
MESDAMES, MESSIEURS,

Je me permets de prendre la parole en tant que représentant de la science russe et délégué par les Commissariats du Peuple de la Santé Publique et de l'Instruction Publique de la R. R. et par la Société de Neurologie et Psychiatrie de l'Université de Moscou.

Je dois tout d'abord constater que, parmi nos confrères, il en est qui ont deux façons d'envisager toutes sortes de Congrès : les uns les aiment, les apprécient hautement, cherchent à y assister ; les autres les évitent, ne s'y montrent pas, les considèrent comme une perte de temps. A ce point de vue, c'est l'organisation des réunions scientifiques internationales qui présente les plus grosses difficultés.

Comment cet état de choses doit-il être interprété ?

J'appartiens à ceux qui apprécient beaucoup les réunions internationales, car les émotions qu'on y éprouve peuvent être considérées comme des émotions d'ordre universel, on y communie à la vie mondiale. Ces émotions ne peuvent pas être éprouvées sous une forme aussi simple, aussi directe et aussi accessible lorsqu'un homme de science travaille chez lui, lorsqu'il ne fait que lire la littérature étrangère ou lorsqu'il publie dans une langue étrangère.

Lorsque nous assistons à ces émotions, nous commençons à comprendre ceux qui non seulement parlent de la psychologie des émotions, mais qui créent la psychologie en tant que science, en mettant les émotions à sa base, c'est-à-dire ceux qui parlent de la psychologie émotive de la même façon que les autres parlent de la psychologie des associations, de la psychologie volontariste, etc.

C'est cette sensation de communion émotive avec la vie mondiale qui est considérée par eux comme un des stimulants de la science.

La médecine, encore à l'heure actuelle, est non seulement une science, mais également un art, surtout en ce qui concerne le travail clinique du médecin praticien. Il me semble qu'ici aussi, on peut noter un autre élément constitutif du charme des congrès internationaux. Dans ces congrès, nous nous approchons davantage de la possibilité de connaître ce que nous appelons la personnalité, avec son caractère unique, son individualité, son charme, le mystère qui l'enveloppe. Or, la connaissance de la personnalité nous permet de mieux comprendre toute sorte de création, et, par conséquent, de la création en médecine, en tant que cette dernière est une science et un art.

Ces deux éléments — la sensation de communion avec la vie mondiale et la possibilité de mieux comprendre la personnalité créatrice — sont, à mon avis, plus que suffisants pour comprendre la charme des congrès et, en particulier, des congrès internationaux.

Mais nous travaillons, chacun dans son coin, chez soi. Et, dans ce sens, je me permets d'exprimer cette idée que la science est non seulement internationale, qu'elle est également un phénomène national. A côté des méthodes purement internationales, la science se crée et progresse en suivant également une voie nationale. Il y a des savants qui sont plus sensibles et plus réceptifs pour tout ce qui est l'objet d'étude de la littérature scientifique internationale, ce qui se présente comme nouveauté dans la science, d'autres ne poursuivent leurs travaux que dans la direction qui les intéresse tout particulièrement.

En Russie, à l'heure actuelle, on publie trop d'ouvrages et de journaux médicaux, surtout en ce qui concerne la Neurologie et la Psychiatrie, et nous n'arrivons pas à les lire tous. Or, il existe, en plus, la littérature étrangère, et les Russes la lisent beaucoup. La littérature mondiale s'approche de ce que j'aurais appelé la crise de la création médicale. Des mesures urgentes sont à prendre. Il n'est pas douteux que la Neurologie et la Psychiatrie russes ont étudié d'une façon originale, c'est-à-dire dans l'ordre de la création nationale, toute une série de problèmes. Elle mérite donc un peu plus d'attention de la part des savants étrangers qu'il ne lui a été faite jusqu'à pfésent.

Je salue ici tout particulièrement la pensée scientifique française pour son originalité, son indépendance et son caractère national. Réunis ici, à Paris, pour nous rappeler la glorieuse mémoire de Pinel et de Vulpian, nous devons être tout particulièrement reconnaissants à la science nationale française pour nous avoir permis d'éprouver l'émotion mondiale qui nous rapproche de l'humanité. D'autre part, nous devons remercier les neurologistes et aliénistes français présents ici du plaisir de mieux comprendre leur création nationale par un contact immédiat avec eux et par une connaissance personnelle.

Je lève donc mon verre à la science française, au génie français et je souhaite une longue et laborieuse vie à tous les savants qui assistent à notre réunion.

Discours de M. le Dr W. BOVEN, au nom de la Suisse.

Qu'il me soit permis de ne rien ajouter aux louanges décernées en ce jour à Pinel, mais je crois être l'interprète de plusieurs personnes, en associant aux honneurs rendus au grand homme, sa famille tout entière, sa descendance et particulièrement notre vénéré confrère, M. le Dr René Semelaigne.

Ce n'est pas flatterie, phrase à bien plaire. N'est-il pas vrai qu'en lui revit, et de manière frappante, plus d'un trait de son grand trisaïeul ? L'aménité, ce mot qui vient de lui-même aux lèvres, à qui songe à Pinel, l'aménité n'est-elle pas le fond du caractère de son arrière-neveu ? Cette réserve, cette délicatesse du cœur, si naturelle au philanthrope, revivent en sa lignée et semblent s'y transmettre comme un don. Bel exemple d'une hérédité bienfaisante et similaire. Nul de nous ne se fait un souci de savoir si la Bonté « mendélise ». Il nous suffit de la voir s'hériter.

Et puis, sans m'arrêter à la conformité des joints philosophiques, à l'identité des professions, de l'aïeul au rejeton, ne voyons-nous dans l'éloquence toujours chaleureuse, émouvante, émue de notre confrère, dans le culte discret et fervent qu'il voue à la poésie, dans cette douce habitude d'allier le passé au présent et à l'avenir, l'essence de l'humanisme dont Pinel était imprégné lui-même ?

On pourrait prolonger ce parallèle, mais les parallèles ne se rejoignent jamais.

Nous avons vu aujourd'hui, comme dans une scène antique, toute une famille célébrer son culte à l'ancêtre, enguirlander et couronner son image, prononcer les paroles que le rite du souvenir, que la piété inspirent.

Et nous avons goûté la joie d'en être.

Discours de M. le Dr PINOPOU, délégué du Vénézuela.

MONSIEUR LE DOYEN.
MESSIEURS,

Merci pour votre invitation à ces fêtes qui ont montré une fois de plus la gloire et l'éclat de la Science française, jalonnant toujours sa route de merveilleuses découvertes et des hauts sommets comme Pinel et Vulpian.

Je suis heureux de représenter ici l'Académie nationale de Médecine du Vénézuéla, pour vous exprimer, à l'occasion de ces anniversaires, nos hommages et notre admiration pour le génie français.

En Science comme en art, nous avons toujours suivi les pas de votre Ecole, en nous inspirant de sa méthode, de ses conceptions et découvertes et en appelant affectueusement nos maîtres, les grands maîtres de votre école, que nous avons aimés, admirés et respectés de loin sans les avoir jamais vus.

En médecine, les noms de Pinel, Vulpian, Claude Bernard, Lavoisier, Berthelot, Trousseau, Charcot, Dieulafoy et tant d'autres de votre forêt merveilleuse de lauriers, ont été pour nous, sur les bancs de l'école, des noms vénérés et des symboles de gloire.

Au commencement de mes études, je me rappelle avoir eu dans les mains, comme un catéchisme, le charmant livre du Professeur Roger, *Introduction à l'Etude de la Médecine*, qui nous a guidé dans les difficultés de nos premiers pas, et qui nous a éclairé l'intelligence de sa lumière vive et bienfaisante.

Plus tard, c'est Farabeuf qui nous a guidé sur la table de l'Amphithéâtre avec son livre immortel, immortel, car il est comme la vérité, qui appartient à tous les temps.

Puis l'heure de la libération universitaire a sonné pour moi et alors j'ai voyagé un peu partout en Europe ; j'ai vu et j'ai appris ailleurs des choses admirables dans le domaine de la médecine ; mais, nulle part, je n'ai trouvé cette clarté merveilleuse, cette finesse d'observation et cette puissance de déduction qui font de vous les premiers cliniciens du monde.

Mais ce n'est pas tout, littérateurs et artistes de ma patrie ont bu aussi aux sources de Victor Hugo, Alfred de Musset, Carpeaux, David d'Angers et Jean-Paul Laurens, et lorsqu'il a fallu secouer le joug et proclamer l'Indépendance Nationale, nos grands libérateurs, avec Miranda et Bolivar, sont venus directement au cœur de la France, pour boire aussi aux sources de la Révolution française. Qu'il me suffise d'ajouter qu'après notre langue maternelle, nous avons étudié votre langue et que nous sommes convaincus que si un jour la haine et la barbarie arrivent à détruire le monde, il restera toujours en France un petit coin, où les hommes civilisés pourront venir réchauffer leur idéal et leur foi. Voilà pourquoi lorsque la haine, et la folie ont passé la parole au canon et à la mitraille, on a contemplé ce spectacle, unique peut-être dans l'histoire des peuples, en voyant des hommes de toutes les races, de toutes les langues, de toutes les latitudes, qui sont venus spontanément donner leur sang et leurs vies pour la sainte cause de France, mère des civilisations.

Voilà pourquoi aussi, au nom de mon pays, je salue bien bas, dans la mémoire de Pinel et de Vulpian, le génie de cette race, guide des peuples, qui a rayonné sur le monde l'éclat de sa vive lumière.

Discours de M. le Dr de VULPIAN

MESDAMES, MESSIEURS,

Pendant ces fêtes du centenaire, j'aurais voulu savourer, dans l'ombre et le silence, ma joie familiale, mais le pieux devoir de la reconnaissance m'oblige à saluer avec respect tous ceux qui ont si magnifiquement glorifié mon Père.

Je remercie d'abord Monsieur le Président de la République et MM. les Ministres qui ont bien voulu placer sous leur haut patronage ces belles cérémonies. J'exprime également toute ma gratitude à la Ville de Paris et au Département de la Seine.

Je remercie les grandes Sociétés savantes : l'Académie des Sciences, l'Académie de médecine, la Faculté de Médecine, la Société de Biologie et la Société de Neurologie qui ont rivalisé de zèle et de dévouement.

L'hommage rendu à Vulpian prend une allure d'apothéose grâce aux illustres personnages des membres du Comité d'honneur. En mon nom, au nom de tous les miens, je leur adresse l'expression émue de notre reconnaissance. Et ce serait de l'ingratitude de ne pas remercier tout spécialement M. Richet qui préside ce banquet, puis M. Henneguy, le Président du comité d'organisation, les vice-présidents : Mme Dejerine, Fournal, Gley, Letulle, Mangin, Mourier, Roger, Roux et Savornin, le Trésorier, M. Charpentier, M. Crouzon, le Secrétaire général : leur tâche a été rude, mais le succès est éclatant.

Nous avons entendu les beaux discours de M. Fallières, Ministre du Travail et de l'Hygiène et de M. Herriot, Ministre de l'Instruction publique, de M. Lacroix, Secrétaire perpétuel de l'Académie des Sciences, de M. M. Roger, doyen de la Faculté de médecine, de M. Achard, Secrétaire général de l'Académie de Médecine, des Professeurs Gley, Hayem et Rathery ; nous avons entendu les souvenirs si touchants de Mme Dejerine. Tous ceux qui ont parlé de mon père ont leur nom profondément gravés dans ma mémoire.

Je n'oublierai pas, non plus, que c'est le Professeur Letulle qui pensa, le premier, à célébrer le centenaire de Vulpian et que c'est le Dr Crouzon qui assura le succès de ces fêtes par son esprit de méthode et son talent d'organisateur.

Merci enfin à vous, Médecins illustres, venus de si loin pour rendre hommage à celui des savants français dont la renommée a franchi les limites de son pays. J'unis dans un même sentiment de gratitude les adresses et les discours des savants étrangers et français. Ce sont les plus belles fleurs et les plus belles palmes qui peuvent honorer la mémoire de mon Père. Avec ces fleurs et ces palmes, tressons une gerbe unique que nous lèverons d'abord en l'honneur de la France, partie de Vulpian, pour l'offrir ensuite à la Science qui, par-dessus les frontières, unit tous les Savants dans un même amour de la vérité.

Discours de M. GOGLY, Représentant de la Famille PINEL.

Après les manifestations auxquelles vous avez été conviés et les éloquents discours qu'il vous a été donné d'entendre, que pourrai-je ajouter, profane des sciences médicales, sur mon illustre aïeul. ?

Je suis cependant heureux de l'occasion qui m'est offerte ce soir, en ma qualité d'arrière-petit-fils de Philippe Pinel, de pouvoir exprimer tous mes sentiments de gratitude pour le témoignage rendu à la mémoire du grand aliéniste.

Je suis sûr de répondre aux vœux les plus chers des descendants de Pinel en vous disant combien ils ont été touchés de l'empressement avec lequel vous êtes venus, des contrées les plus éloignées, à l'appel du comité et je salue, ici, en notre nom, les délégués des Nations étrangères qui ont été choisis parmi l'élite de chacune d'elles et qui ont su trouver des paroles si touchantes et qui ont été au cœur de chacun de nous.

Nos remerciements vont également aux membres du Gouvernement de la République et des corps constitués qui ont tenu à donner leur bienveillant appui et se faire représenter, ainsi qu'à tous les groupements médicaux et scientifiques qui ont collaboré à l'organisation de ces journées.

Mais je veux citer d'une manière toute spéciale les membres du Comité du centenaire de Pinel et plus particulièrement son Président, M. le Docteur Semelaigne, que sa haute autorité et sa proche parenté avec Pinel ont placé à la tête de ce groupement et M. le Dr Colin, son actif et dévoué Secrétaire général; ils ont été, malgré leurs travaux et leurs occupations multiples, la cheville ouvrière de cette grandiose manifestation.

Je tiens à leur exprimer ici ma plus sincère gratitude.

Je lève mon verre à la gloire de Pinel, aux progrès chaque jour plus grands de ses principes dans le monde entier.

Je lève mon verre, pour vous, Mesdames, qui, à la grâce, au charme et à la bonté, ajoutez maintenant, chaque jour davantage, votre savoir et votre talent dans toutes les branches artistiques et scientifiques de l'activité humaine ; pour vous enfin, Messieurs, qui êtes les grands continuateurs de l'œuvre de l'illustre Français pour le plus grand bien de l'humanité.

Discours de M. le Professeur RICHET.

MESDAMES, MESSIEURS,

Tout d'abord, je remercie ceux qui, par leur présence, ont tenu à honorer les deux personnages illustres dont nous célébrons aujourd'hui la mémoire. Merci surtout aux savants étrangers, nos éminents collègues, qui, de tous les points de l'horizon, sont venus ici pour affirmer notre solidarité dans la science et notre juste amour pour les hommes qui ont servi la Science, la Patrie, et l'Humanité entière.

Ça été une heureuse pensée de réunir dans une commune apothéose, cent ans après la mort de Pinel, cent ans après la naissance de Vulpian, ces deux nobles médecins dont les noms se détachent, comme des joyaux précieux, du riche écrin de nos illustrations professionnelles.

Tous deux, ils ont osé résolument aborder le problème des problèmes : l'étude du système nerveux, de l'intelligence.

L'intelligence ! quel mystère, quelle merveille ! C'est la seule Force au milieu du Cosmos aveugle qui nous étreint, qui soit consciente de sa Force. Elle est, pour ainsi dire, un miracle perpétuel ! C'est comme un abîme entr'ouvert qu'on regarde effaré, pour peu qu'on se donne la peine de penser. Or, tous les deux, Pinel et Vulpian, ils ont hardiment essayé d'en scruter quelques éléments. Bien entendu, ils ne nous ont rien donné de décisif. Les temps pour une solution définitive, adéquate, ne sont pas encore venus, et peut-être ne viendront-ils pas avant des siècles. Mais c'est déjà beaucoup que d'oser analyser l'âme humaine, dans ses rapports avec ce système nerveux, l'âme sensitive et l'âme motrice ; l'âme normale et l'âme égarée ! et de chercher quelque relation, comme jadis notre grand Descartes l'avait audacieusement tenté, entre la structure du cerveau et les agitations de l'âme.

***

Mais ce qui caractérise l'œuvre de Pinel, comme celle de Vulpian, c'est qu'ils ont compris que l'étude de l'âme ne peut se faire que par l'anatomie et la physiologie, et que l'anatomie et la physiologie sont les bases solides, inébranlables, de toute science médicale. N'est-ce pas une parole prophétique que de dire, comme Pinel, en 1798 : « Il faut à la médecine une méthode d'enseignement analogue à celle des autres sciences physiques » ?

Et quant à Vulpian, dans ses belles leçons sur le système nerveux, il osait en 1866 prétendre que la médecine doit être fondée sur l'histologie, l'anatomie et la physiologie. C'est là une idée qui est bien banale aujourd'hui. Mais elle ne l'était pas alors. Claude Bernard n'était pas encore, le maître incontesté, le grand maître, et beaucoup de médecins de ce temps regardaient comme néfastes les enseignements de ce qu'ils appelaient dédaigneusement la médecine expérimentale qu'ils opposaient à la clinique.

Ainsi Vulpian se rangeait aux côtés de Claude Bernard comme, quelque quinze ans après, il se rangea avec éclat aux côtés de Pasteur, fortifiant l'œuvre de ces deux génies illustres par sa haute logique, par la clarté de son esprit, par la probité perspicace de sa pensée.

Nous savons aujourd'hui — et c'est presque une naïveté, qu'il n'y a pas d'opposition entre la clinique et la science, et que voir quelques contradictions entre elles, c'est montrer qu'on n'a rien compris ni à la clinique ni à la science.

Oui, vraiment, Pinel et Vulpian furent de grands médecins parce qu'ils furent de grands savants.

*
* *

... Mais nous nous formerions une idée bien imparfaite de ces deux hommes à les considérer uniquement comme des savants. *Science sans conscience, ce n'est rien.* Ils eurent tous deux, — pourquoi n'oserai-je pas prononcer ce mot, quelque peu démodé qu'il paraisse — ils eurent tous deux la qualité la plus nécessaire au médecin, la bonté. Le devoir moral du médecin, c'est de ressentir grande pitié pour les misères humaines. Volontiers, je citerais ce vers de Virgile qui résume bien le rôle du médecin digne de ce nom : *Non ignara mali miseris succurrere disco* « Connaissant le malheur, je veux secourir les malheureux. »

Modestes, dédaigneux des honneurs, désintéressés, travaillant opiniâtrement, cherchant la vérité, aimant la justice, ils furent l'un et l'autre, je le dis, au risque de faire sourire les sceptiques, des hommes vertueux, en donnant à ce nom « vertu » toute sa grandeur.

Et il est bon de le dire aujourd'hui, alors que, grâce à la guerre — à la guerre immorale qui souille tout — la vénalité et l'égoïsme tendent parfois à remplacer ce qui a fait l'honneur de notre profession médicale.

Ici, dans cette réunion solennelle, nous avons devant nous les enfants et les arrière-petits-enfants de ces deux héros de la science médicale. Pinel et Vulpian ont été des saints, des saints laïques, évidemment, et très laïques. Mais, être à la fois un savant et un saint, cela mérite toute admiration. Que les enfants et les petits-enfants de Pinel et de Vulpian aient toujours devant les yeux l'exemple de leur glorieux ancêtre.

RÉCEPTION A L'HOTEL DE VILLE

La Municipalité de Paris a commémoré les centenaires de Pinel et de Vulpian par une réception des membres adhérents aux centenaires qui a eu lieu le *mercredi 2 juin* 1927, à 17 heures, dans le Salon des Lettres, des Arts et des Sciences.

Les honneurs de la réception ont été faits par M. Pierre Godin, Président du Conseil municipal, M. Paul Bouju, Préfet de la Seine, M. Aucoc, Syndic du Conseil municipal et de nombreux Conseillers municipaux et généraux.

Discours de M. Pierre GODIN, Président du Conseil municipal.

Mesdames, Messieurs,

Le Conseil municipal se fait une joie, en même temps qu'un devoir, d'accueillir les éminentes personnalités françaises et étrangères qu'assemblent en ce moment à Paris les Centenaires de la mort de Pinel et de la naissance de Vulpian, ainsi que le Congrès d'hygiène mentale.

En son nom, permettez-moi de vous souhaiter la plus cordiale bienvenue et de vous dire toute la sympathie, tout l'intérêt, toute la gratitude que nous éprouvons pour les initiateurs et les participants de cette belle réunion, tout inspirée des sentiments les plus élevés et des préoccupations les plus généreuses.

Je n'entreprendrai pas, moi profane, d'évoquer ici, devant tant et de si hautes compétences, les raisons proprement scientifiques qui élèvent l'œuvre de Pinel, aussi bien que celle de Vulpian, au rang des plus précieuses conquêtes de l'esprit universel. Elles présentent toutefois, l'une et l'autre, à un degré éminent, un trait que je voudrais retenir, c'est l'étroite union de l'amour du vrai et de la passion du bien.

Pinel a raconté lui-même, dans des pages émouvantes, comment il fut amené à élaborer la conception nouvelle de l'aliénation qui devait en révolutionner la thérapeutique.

Jusqu'au XVIIIe siècle, les fous avaient été communément considérés comme des victimes ou des complices du démon, traités comme des possédés ou des sorciers. La philosophie des encyclopédistes, dans son ardeur à dissiper les ténèbres de la superstition, avait remplacé cette conception barbare par une autre qui ne l'était guère moins : elle voyait purement et simplement dans les fous des êtres dangereux qu'il n'y avait qu'à mettre au cabanon pour les empêcher de nuire.

C'est ainsi que Pinel, lorsqu'il fut nommé médecin chef de l'Infirmerie de Bicêtre, y trouva plus de deux cents malheureux entassés dans des loges sombres et malsaines, la plupart enchaînés et servant, comme les animaux d'une ménagerie, à l'amusement du public qui était admis, moyennant quelque monnaie, à les contempler, les jours de fête.

Une telle cruauté émut Pinel d'une compassion qui ne lui laissa ni trêve ni repos qu'il n'y eût porté remède.

Ayant profondément médité sur la nature et les causes de l'aliénation, il comprit le premier que les aliénés ne devaient pas être traités comme des coupables, mais comme des malades, qu'il fallait respecter et tâcher de relever en eux leur dignité d'hommes, se comporter enfin vis-à-vis d'eux avec douleur, avec égards, fraternellement. Rompant en visière avec un préjugé profondément enraciné, il ne se contenta pas de leur rendre l'air et la lumière, mais leur accorda toute la liberté compatible avec leur sécurité et avec celle de leurs gardiens, et il eut la joie de constater, dans presque tous les cas, des améliorations notables, parfois des guérisons complètes et définitives.

Les bienfaisants résultats de la méthode nouvelle furent si éclatants qu'en peu d'années elle s'imposa sans conteste, et il n'est pas exagéré de dire que toute la Psychiatrie moderne relève de Pinel et salue en lui son fondateur et son maître.

Une fois de plus, une découverte immortelle avait jailli de l'application à un même problème des lumières d'un grand esprit et des exigences d'un grand cœur.

Dans un domaine tout différent, c'est encore la même féconde alliance que nous rencontrons dans l'œuvre et la vie de Vulpian. Merveilleusement doué pour la recherche scientifique, Vulpian ne perdait jamais de vue que la fin dernière de l'observation et de l'expérience du clinicien, c'est la guérison du malade, et, menant de front, avec un soin scrupuleux la théorie et la pratique, il passait régulièrement du laboratoire où il enrichissait jour après jour l'anatomie, la pathologie, la neurologie de tant de notions nouvelles, à l'hôpital où il en vérifiait l'exactitude et en éprouvait la bienfaisance.

Adoré de ses disciples, dont il encourageait les initiatives sans jamais leur imposer le poids de son autorité magistrale, Vulpian était respecté et aimé de ses malades, qu'il traitait avec la même simplicité sérieuse et digne, les mêmes égards, la même sollicitude, qu'ils appartinssent aux déshérités ou aux puissants de ce monde.

Sous son abord réservé et silencieux, sous sa froideur apparente, il cachait d'immenses réserves de tendresse dont ont tenu à porter témoignage tous ceux qui ont été admis à l'honneur de son intimité. Le cœur brisé par des deuils successifs, on le vit continuer, sans une marque de trouble sur son visage impassible, son existence austère et laborieuse, jusqu'au jour où, terrassé par les germes infectieux dont il poursuivait l'étude dans son laboratoire, il succomba héroïquement, martyr de la science, au champ d'honneur. Avec vous, Messieurs, nous inclinons pieusement notre hommage devant une si belle vie, couronnée par une si belle mort.

Que le haut enseignement qui se dégage des leçons et de l'exemple de Pinel et de Vulpian n'ait pas été perdu, mais ait été au contraire recueilli comme un précieux héritage, nous en trouverions une preuve entre beaucoup d'autres dans la création, à Paris, de cet Hôpital psychiatrique que dirige avec tant de compétence et de dévouement M. le docteur Toulouse.

Depuis 1900, le docteur Toulouse, faisant un pas nouveau dans la voie ouverte par Pinel, préconisait l'établissement de services ouverts, où les malades mentaux ne relevant pas de l'internement prescrit par la loi de 1838 pourraient recevoir librement les soins appropriés à leur état.

En 1921, le Conseil général de la Seine, sur la proposition du toujours regretté Henri Rousselle, décidait de faire sienne cette intéressante suggestion. Elle s'est révélée, à l'épreuve, singulièrement juste et féconde, et je suis heureux que l'occasion me soit donnée d'en reporter publiquement le mérite à son auteur.

Je ne suis pas moins heureux de constater que le rayonnement de cette œuvre unique a rapidement dépassé nos frontières, et que les psychiatres les plus éminents du monde entier, réunis en Conférence internationale, sont venus se rendre compte de son fonctionnement et y puiser des inspirations pour la création d'hôpitaux du même genre dans leurs pays respectifs.

Il y a là un hommage auquel nous sommes profondément sensibles. Il y a là surtout un témoignage, entre tous éloquent, de l'ardent intérêt que ne manquent jamais de susciter, dans toutes les nations civilisées, les entreprises marquées du double signe de l'avancement de la Science et du progrès de l'Humanité.

Discours de M. Paul BOUJU, Préfet de la Seine.

Messieurs,

La Ville de Paris est heureuse de joindre le témoignage sincère de son admiration et de sa reconnaissance à l'hommage que la Science rend aujourd'hui à Pinel et à Vulpian. Vous avez eu raison de croire qu'il lui appartenait aussi de saluer leur mémoire, tout à la fois au nom des souffrances qu'ils ont allégées et de l'incomparable éclat dont ils ont fait briller le foyer séculaire de notre vie intellectuelle.

Nous saurons prendre notre part des enseignements que comporte pour la science le rappel de ces deux vies illustres ; et nous aimerons à mettre davantage encore sous le patronage de leur gloire ce que nous avons à faire pour le soulagement de la douleur et le rayonnement de notre culture.

Le hasard qui, par une rencontre symbolique, a confondu dans une même année les dates extrêmes et opposées de ces deux grandes vies, ne saurait en vérité évoquer par un rapprochement plus saisissant l'évolution même de la science des phénomènes psychiques et neurologiques au siècle passé.

D'un côté, avec le grand novateur du traitement des insensés, c'est la Psychiatrie qui naît, illuminée dès son berceau des rayons de la tendresse patiente et de l'humanité compréhensive.

De l'autre, avec l'expérimentateur infatigable, armé de toutes les puissances de l'investigation anatomique, physiologique et clinique, c'est la raison matérielle des faits qui se manifeste et le royaume mystérieux des causes qui s'entr'ouvre à la Neurologie.

Ils nous rappellent l'un et l'autre les progrès impressionnants de ces deux sciences des choses de l'âme, ou plutôt de cette science unique dont les deux langages expriment l'insondable dualité de la vie psychologique.

Messieurs, pas plus que le grand Pinel proclamant courageusement à Bicêtre en 1793 et à la Salpêtrière en 1795 que les aliénés sont « des malades qu'il faut soigner » et non « des coupables qu'il faut punir » — nous n'oublierons le professeur Vulpian travaillant obstinément dans son pauvre laboratoire de la rue Hautefeuille à faire de cent certitudes renouvelées une affirmation digne de la science et de lui.

L'un et l'autre connurent des difficultés qui n'avaient rien de scientifique, soit de la part d'un pouvoir soupçonneux qui craignait que les chaînes brisées des fous ne libérassent des suspects — soit de la part d'une orthodoxie ombrageuse et restée prompte à l'anathème.

En ce jour de commémoration, vous permettrez à l'ancien Préfet du Tarn que je suis d'évoquer le modeste chef-lieu de canton où Pinel vit le jour et le ci-devant chef-lieu d'arrondissement Lavaur qui vit les premières étapes de sa pensée, où il reçut les ordres mineurs qui, ainsi que le rappelait hier M. Georges Dumas, lui conféraient les titres de lecteur, d'acolyte et d'exorciste, et ce vieux mot théologique prend, n'est-il pas vrai, un sens saisissant et quasi prophétique, quand on le voit appliqué au grand philanthrope dont la pensée et le cœur se penchèrent sur les infortunés déments pour chasser loin d'eux par le rayonnement de la bonté les esprits maléfiques qui les tourmentent et les agitent. Et vous approuverez aussi que le Préfet de la Seine salue avec émotion la petite-fille de Pinel présente à cette cérémonie, accompagnée de son fils, que la Ville de Paris compte dans l'un de ses services comme un dévoué collaborateur.

Pas plus que Pinel, jeune maître de Montpellier, qui vint avec tant d'autres justifier à Paris l'universelle réputation médicale de sa ville, Paris n'oubliera, en Vulpian le Parisien, de Paris, l'humble écolier de la rue de l'Estrapade, le boursier de la Faculté, le Professeur, enfin et le grand Doyen qui, dans son fécond décanat, ouvrit à notre chère Faculté de Médecine vingt laboratoires de plus et l'Ecole pratique, préparant ainsi l'essor d'un enseignement et d'une activité scientifique incomparables, dont nous sommes heureux de saluer ici avec respect tant d'éminents représentants.

Discours de M. SEMELAIGNE, au nom du Comité du Centenaire de Pinel.

MONSIEUR LE PRÉSIDENT DU CONSEIL MUNICIPAL,
MONSIEUR LE PRÉFET,

Je vous remercie d'avoir bien voulu participer à ces fêtes du souvenir et de nous recevoir en cet Hôtel de Ville, où jadis siégea Pinel. Ce fait, assez peu connu, de son histoire, se trouve mentionné dans une lettre adressée à l'un de ses frères, le 16 novembre 1792. La première année de la Révolution, il avait été, avec les autres électeurs de 1789, à la tête de la municipalité pendant plus d'un mois. Mais il n'était guère fait pour la vie politique en ces temps troublés, et il fut vite guéri, dit-il, de tout désir de se rejeter dans ce tourbillon.

Dans cette même lettre, parlant avec indignation des massacres de septembre, il déclare que s'il avait été à ce moment officier municipal, il aurait fait tout au monde pour les empêcher, au risque d'être tué lui-même. Le crime, en effet, sous n'importe quel régime, sous n'importe quel prétexte, lui semblait toujours condamnable. Sa ferme intention était de se tenir désormais à l'écart de toute fonction publique ; pourtant, quand on lui proposa, l'année suivante, de procéder à la réforme des services de Bicêtre, accepter lui parut un devoir, et il entreprit, sans souci des obstacles, l'œuvre rénovatrice.

Certains semblent se plaire à rabaisser toute supériorité et l'on s'est parfois efforcé de diminuer les mérites de Pinel, de lui susciter des rivaux. Discussion sans portée, mais facile, car en toutes choses il est des précurseurs. Bien d'autres avant lui, nous ne l'ignorons pas, ont manifesté des sentiments humains et préféré la douceur à la brutalité. D'autres ont signalé les abus, proposé des réformes. Mais ces pensées, mais ces efforts n'ont pas eu de résultats durables. Le vrai réformateur, c'est celui qui vient à l'heure propice, capable de s'imposer, de briser les obstacles, apte à fonder une école, à former, pour poursuivre sa tâche, des successeurs dignes de lui. Tel fut Pinel, et son œuvre a duré, et sa gloire française a passé nos frontières. Tous connaissent cet homme juste et probe, qui, dédaignant l'intrigue et les compromissions, suivit la voie droite, sans en dévier, et sut, en toutes circonstances, quels que fussent les oppresseurs, secourir les opprimés. (*Applaudissements prolongés.*)

M. le docteur Hamilton Marr, représentant du Gouvernement britannique, a pris ensuite la parole en anglais pour remercier à son tour la Municipalité de sa chaleureuse réception.

Discours de M. E. GLEY, Professeur au Collège de France, vice-président du Comité Vulpian.

Monsieur le Président du Conseil municipal,
Monsieur le Préfet,

Au nom du comité Vulpian, je vous prie d'agréer les très sincères remerciements que nous adressons au Conseil municipal de Paris, au Conseil général de la Seine et à l'Administration préfectorale pour l'appui financier et moral que les deux Conseils et l'Administration nous ont donné.

Il y a deux sortes de Parisiens, les Parisiens de Paris et les Parisiens de province ou d'adoption. Quand l'un de ceux-là ou de ceux-ci s'est illustré dans les arts, les lettres ou les sciences et que, dans une occasion comme celle qui nous réunit aujourd'hui, il est rendu hommage à sa mémoire, les représentants de la ville de Paris n'ont point accoutumé de distinguer s'il s'agit d'un citoyen d'adoption ou d'un fils de leur antique cité. J'imagine cependant qu'ils ne sont pas autrement fâchés quand c'est l'un de ces derniers qui se trouve à l'honneur. C'est le cas de Vulpian. Déjà sa ville natale avait donné son nom à l'une des rues du XIIIe arrondissement. Aujourd'hui elle a tenu à participer à l'apposition d'une plaque commémorative sur la façade de la maison de la rue Soufflot où il est mort et elle reçoit dans ses magnifiques salons tous ces délégués de tant de nations et d'Universités ou de Sociétés étrangères que j'ai l'honneur, Monsieur le Président du Conseil municipal, de vous présenter.

Laissez-moi vous dire maintenant que le Comité Vulpian n'a été nullement surpris de trouver auprès de vous cette aide si efficace dont il vous remercie. Nous qui sommes citoyens de cette ville et qui, hommes de science ou médecins, profitons des libéralités que son Conseil municipal, depuis bien longtemps, accorde généreusement aux laboratoires dans lesquels nous travaillons, nous savons quel intérêt elle porte à ceux dont la vie est consacrée à la recherche désintéressée du vrai. Pour moi, il me semble qu'elle a toujours tenu à s'inscrire en faux contre l'amère parole du philosophe : « Quand les hommes ont usé leur admiration pour ceux qui les amusent ou pour ceux qui les tuent, il ne leur en reste plus pour ceux qui leur sont utiles. »

Mais ce n'est pas seulement sans doute dans un sentiment d'admiration que la ville de Paris honore ceux de ses citoyens que leurs découvertes ou leurs travaux ont illustrés en même temps qu'ils ont augmenté le renom de notre pays ; c'est aussi dans un sentiment de reconnaissance. Car elle sait que l'exemple de ces hommes est socialement utile. « Pour obtenir des hommes, a dit Renan, le simple devoir, il faut leur montrer l'exemple de ceux qui le dépassent ; la morale se maintient par les héros. » Par les héros, cela veut dire par ceux qui sont intellectuellement et moralement supérieurs, ceux qui ont voué leur vie à quelque grande idée ou à quelque noble tâche et qui travaillent à leur œuvre sans autre préoccupation ni ambition que d'atteindre le but qu'ils se sont fixé ou tout au moins d'en approcher. C'est pourquoi leur œuvre dépasse le milieu, quel qu'il soit , dans lequel elle a pris naissance et s'est développée, elle appartient à l'humanité tout entière, non seulement, comme on pourrait le croire, parce que l'œuvre de science est universelle, parce que la vérité est partout la même et resplendit partout du même éclat et rend à tous les hommes les mêmes services, mais aussi par le haut enseignement moral qui se dégage de sa réalisation ; même ceux qui ne le savent pas sentent confusément qu'elle n'a pu s'accomplir que par le renoncement aux choses qui sollicitent ou passionnent la plupart des hommes et que ceux-ci tiennent pour essentielles. Et c'est pourquoi, d'autre part, les grands savants, comme les grands artistes, sont honorés ailleurs que dans leur pays d'origine ; dans leur gloire peuvent communier toutes les nations, parce qu'elles communient dans un même sentiment.

Un savant illustre a dit que « le bien que l'on fait aux hommes, quelque grand qu'il soit, est toujours passager ; les vérités qu'on leur laisse sont éternelles ». Mais il arrive dans les sciences de la nature que la découverte d'une vérité est un bienfait pour les hommes ; elle réduit la misère, elle apporte plus de bien-être, elle diminue la souffrance, elle préserve de la maladie, elle sauve de la mort. Félicitons-nous que le vrai puisse ainsi se confondre maintes fois avec le bien. Et honorons un homme comme Vulpian d'avoir été en même temps qu'un grand biologiste un grand médecin.

***

Les hôtes de la Municipalité ont ensuite apposé leurs signatures sur le Livre d'or de la Ville de Paris et ont visité les salons de l'Hôtel de Ville.

Poitiers. — Société française d'Imprimerie. — 1927.